Dieter Gnahs

Kompetenzen –
Erwerb, Erfassung, Instrumente

Studientexte für Erwachsenenbildung

Eine Buchreihe des Deutschen Instituts für Erwachsenenbildung (DIE)

Bei der gelben Reihe des DIE handelt es sich um didaktisch strukturierte Bestandsaufnahmen zu Kernthemen der Erwachsenenbildung. Die Studientexte vermitteln fachliches Begründungswissen vor dem Hintergrund des wissenschaftlichen Forschungsstands und einer reflektierten Praxis. Sie eignen sich als Begleitmaterial in Fortbildungen und als Ausbildungsliteratur im Studium. Die Studientexte sind als Selbstlernmaterialien konzipiert und ermöglichen Neueinsteiger/inne/n im Handlungsfeld, erfahrenen Fachkräften und Studierenden die selbstständige Erschließung des Themas.

Wissenschaftliche Betreuung der Reihe am DIE: Dr. Thomas Vollmer

Bisher in der Reihe Studientexte für Erwachsenenbildung erschienene Titel (Auswahl):

Stefan Hummelsheim
Finanzierung der Weiterbildung in Deutschland
Bielefeld 2010, ISBN 978-3-7639-1976-5

Steffen Kleint
Funktionaler Analphabetismus –
Forschungsperspektiven und Diskurslinien
Bielefeld 2009, ISBN 978-3-7639-1975-8

Mona Pielorz
Personalentwicklung und Mitarbeiterführung
in Weiterbildungseinrichtungen
Bielefeld 2009, ISBN 978-3-7639-1965-9

Wiltrud Gieseke
Bedarfsorientierte Angebotsplanung in der
Erwachsenenbildung
Bielefeld 2008, ISBN 978-3-7639-1955-0

Peter Faulstich, Erik Haberzeth
Recht und Politik
Bielefeld 2007, ISBN 978-3-7639-1949-9

Dieter Gnahs
Kompetenzen – Erwerb, Erfassung, Instrumente
Bielefeld 2007, ISBN 978-3-7639-1944-4

Claudia de Witt, Thomas Czerwionka
Mediendidaktik
Bielefeld 2007, ISBN 978-3-7639-1914-7

Horst Siebert
Lernmotivation und Bildungsbeteiligung
Bielefeld 2006, ISBN 978-3-7639-1931-4

Stefanie Hartz, Klaus Meisel
Qualitätsmanagement
2. akt. und überarbeitete Auflage,
Bielefeld 2006, ISBN 978-3-7639-1917-8

Horst Siebert
Theorien für die Praxis
2. Auflage, Bielefeld 2006,
ISBN 978-3-7639-1928-4

Ingeborg Schüssler, Christian M. Thurnes
Lernkulturen in der Weiterbildung
Bielefeld 2005, ISBN 978-3-7639-1845-4

Katja Friedrich, Klaus Meisel, Hans-Joachim Schuldt
Wirtschaftlichkeit in Weiterbildungseinrichtungen
3. akt. und überarbeitete Auflage,
Bielefeld 2005, ISBN 978-3-7639-1899-7

Ingrid Schöll
Marketing in der öffentlichen Weiterbildung
3. akt. und überarbeitete Auflage,
Bielefeld 2005, ISBN 978-3-7639-1875-1

Antje von Rein, Carla Sievers
Öffentlichkeitsarbeit und Corporate Identity
an Volkshochschulen
3. akt. und überarbeitete Auflage,
Bielefeld 2005, ISBN 978-3-7639-1896-6

Weitere Informationen zur Reihe unter
www.die-bonn.de/st

Bestellungen unter
www.wbv.de

Studientexte für Erwachsenenbildung

Dieter Gnahs

Kompetenzen –
Erwerb, Erfassung, Instrumente

Herausgebende Institution

Deutsches Institut für Erwachsenenbildung – Leibniz-Zentrum für Lebenslanges Lernen

Das Deutsche Institut für Erwachsenenbildung (DIE) ist eine Einrichtung der Leibniz-Gemeinschaft und wird von Bund und Ländern gemeinsam gefördert. Das DIE vermittelt zwischen Wissenschaft und Praxis der Erwachsenenbildung und unterstützt sie durch Serviceleistungen.

Lektorat: Dr. Thomas Vollmer/Christiane Barth

Wie gefällt Ihnen diese Veröffentlichung? Wenn Sie möchten, können Sie dem DIE unter **www.die-bonn.de** ein Feedback zukommen lassen. Geben Sie einfach den Webkey **42/0027** ein. Von Ihrer Einschätzung profitieren künftige Interessent/inn/en.

Bibliografische Information der Deutschen Nationalbibliothek

Die Deutsche Nationalbibliothek verzeichnet diese Publikation in der Deutschen Nationalbibliografie; detaillierte bibliografische Daten sind im Internet über http://dnb.d-nb.de abrufbar.

Verlag:
W. Bertelsmann Verlag GmbH & Co. KG
Postfach 10 06 33
33506 Bielefeld
Telefon: (0521) 9 11 01-11
Telefax: (0521) 9 11 01-19
E-Mail: service@wbv.de
Internet: wbv.de

Bestell-Nr.: 42/0027

© 2010 W. Bertelsmann Verlag GmbH & Co. KG, Bielefeld
Umschlaggestaltung und Satz: Christiane Zay, Bielefeld
Herstellung: W. Bertelsmann Verlag, Bielefeld
ISBN 978-3-7639-4244-2 (Print)
ISBN 978-3-7639-4245-9 (E-Book)

Mix
Produktgruppe aus vorbildlich bewirtschafteten
Wäldern und anderen kontrollierten Herkünften
www.fsc.org Zert.-Nr. IMO-COC-026041
© 1996 Forest Stewardship Council

Inhalt

Vorbemerkungen

Selten musste eine Publikation des Deutschen Instituts für Erwachsenenbildung (DIE) so schnell einer Aktualisierung unterzogen werden wie die erste Auflage des vorliegenden Studientextes. Die Notwendigkeit der Revision ist Ausdruck der Dynamik, mit der sich die Kompetenzdiskussion national wie international entwickelt. Es sind mitnichten die konzeptionellen und definitorischen Grundlagen, die eine Neuauflage erforderlich machen, als vielmehr die im hinteren Teil des Buches vorgestellten Instrumente und Anwendungsfelder, die sich verändert haben.

So erhalten Kompetenzen zum Beispiel in der derzeit geführten Diskussion um „Qualifikationsrahmen" einen besonderen Stellenwert (auch wenn der Begriff „Qualifikation" dies gerade nicht erwarten lässt): Während der Europäische Qualifikationsrahmen mit individuellem Wissen, individuellen Fähigkeiten und Fertigkeiten das Kompetenzkonzept ins Zentrum rückt, so gehen die bisher entwickelten Vorschläge für nationale und sektorale Qualifikationsrahmen eher unterschiedliche Wege in der Frage, in welchem Maße sie dem Output des Bildungssystems – und damit den Kompetenzen – einen Stellenwert einräumen. Unabhängig vom Ausgang der gegenwärtigen Debatte hat die Weiterbildung bereits damit begonnen, Bildungsprogramme kompetenzorientiert zu beschreiben und sich dabei auf Kompetenzarten aus Qualifikationsrahmen zu beziehen. Die Wiener Volkshochschule liefert mit ihrem „Weißbuch Programmplanung" ein aktuelles Beispiel dafür. Und 2013 wird die Diskussion um ländervergleichende Kompetenztests neues Feuer erhalten, wenn das PIAAC-Projekt (das „PISA für Erwachsene") erste Ergebnisse vorlegt.

Die Konjunktur des Kompetenzkonzepts in Wissenschaft und Praxis erklärte Christiane Jäger, damals Lektorin im DIE, in ihren Vorbemerkungen zur ersten Auflage dadurch, „dass es in vielerlei Hinsicht anschlussfähig ist und unterschiedliche Perspektiven integriert: Es verknüpft betriebliche und individuelle Sichtweisen, stellt eine Verbindung zwischen allgemein- und berufsbildendem Bereich her, ermöglicht die Dokumentation von Lernergebnissen, die sowohl in formalisierten Bildungskontexten als auch in alltäglichen Lebenssituationen gewonnen wurden, und führt Verfahren der Selbst- und Fremdeinschätzungen zusammen. Zudem lässt das Kompetenzkonzept die anspruchsvolle Idee des Lebenslangen Lernens konkret werden, weil es konsequent eine outputorientierte Sichtweise verfolgt. Welche Fertigkeiten und persönlichen Fähigkeiten benötigt eine Person, um spezifischen Anforderungen in unterschiedlichen Kontexten – bspw. am Arbeitsplatz, in einem multikulturell geprägten Gemeinwesen oder in der Freizeit – gerecht zu werden? Oder aus der Sicht des Individuums gefragt: Wo kann ich meine vorhandenen Kompetenzen wirksam einbringen?"

Nimmt man ernst, dass eigene Kompetenzen nicht nur im Verwertungszusammenhang der Wissensgesellschaft relevant sind, sondern dass Menschen z.B. Sinn und Befriedigung finden, wenn sie aufgrund eigenen Wissens, eigener Fähig- und Fertigkeiten Dinge bewegen, die ihnen persönlich am Herzen liegen, dann wird deutlich, welch befreiendes Potenzial der Kompetenzbegriff mitführt. Gerade auch in dieser Perspektive ist er für das DIE wertvoll und hat Entwicklungsarbeiten motiviert.

Beispielsweise hilft der ProfilPASS den Menschen, sich der eigenen Kompetenzen zu vergewissern und sie im Sinne persönlicher Entwicklung und Entfaltung einzusetzen. Gerade dieses Instrument hat seit der ersten Auflage dieses Studientextes eine bemerkenswerte Verbreitung erfahren.

Mit Blick auf die publizistischen Aktivitäten des DIE ist ebenfalls auf die aktuelle Veröffentlichung „Kompetenzerfassung in der Weiterbildung" in der Reihe „Perspektive Praxis" sowie auf die englischsprachige Ausgabe des vorliegenden Studientextes, die in Vorbereitung ist, zu verweisen.

Schließlich geht es um die Professionalisierung der Erwachsenenbildung selbst, die seit jeher im Fokus der Institutsarbeit stand. Gerade auf diesem Feld kann das DIE auf eine lange Tradition zurückblicken. Erinnert sei hier nur an die Entwicklung von Zertifikatskursen in den 1970er und 1980er Jahren und an die Rolle der Prüfungszentrale. Derzeit richtet sich das Interesse auf – auch international tragfähige – Kompetenzprofile für Berufe im Feld der Erwachsenenbildung. Damit wird, so die Vorbemerkungen zur Erstauflage, „die Kompetenzdebatte auf die pädagogischen Professionals zurückgespielt und Teil ihrer eigenen Reflexion um professionelles Handeln und eigene (Kompetenz-) Profil-Bildung".

Peter Brandt
Deutsches Institut für Erwachsenenbildung –
Leibniz-Zentrum für Lebenslanges Lernen

1. Einführung und Ziele

Kompetenz ist zu einem Schlüsselbegriff der politischen, der wissenschaftlichen und der bildungspraktischen Diskussion geworden. Er ist Titel gebend für Publikationen, Tagungen und Kongresse, er prägt Strategiepapiere und Praxiskonzepte, ist Hoffnungsträger und Kristallisationspunkt für zum Teil heftig geführte Auseinandersetzungen. Kompetenz bzw. Kompetenzentwicklung treten in Konkurrenz zu bisher üblichen Begriffen wie „Bildung", „Lernen", „Qualifikation" und „Humankapital", wobei man sie manchmal als Gegenbegriff, manchmal als Synonym benutzt.

Die „Kompetenzkonjunktur" lässt sich nicht nur auf nationaler Ebene registrieren, sondern auch in inter- und supranationalen Zusammenhängen. So sind zum Beispiel in Frankreich sogenannte „bilans de compétences" als arbeitsmarkt- und bildungspolitische Instrumente in Gebrauch (vgl. Drexel 1997); in Südtirol/Italien kommt ein Kompetenzenpass (KOMPASS) zum Einsatz, der der persönlichen Standortbestimmung und der Entdeckung von Kompetenzen dienen soll (vgl. Brunnbauer/Haller/Zucal o.J.; Haller 2003); die Europäische Union (EU) hat einen Vorschlag zu „Schlüsselkompetenzen für lebenslanges Lernen" vorgelegt (Europäisches Parlament/Rat 2006) und die Organisation für wirtschaftliche Zusammenarbeit und Entwicklung (OECD) befindet sich in den Vorbereitungen für ein Erwachsenen-PISA unter der Überschrift „Programme for the International Assessment of Adult Competencies" (PIAAC) (vgl. Gnahs 2007), welches 2011/12 ins Feld gehen soll.

Über die Begriffsverwendung hinaus wird das inhaltlich-konzeptionelle Substrat des Kompetenzansatzes zu einem politisch wichtigen strategischen Hebel, der gleichermaßen bedeutsam ist für die persönliche, soziale und ökonomische Entwicklung.

Kompetenzentwicklung als umfassender Ansatz

Im Strategie-Papier für Lebenslanges Lernen der Bund-Länder-Kommission (BLK) heißt es:

„Auch das nachschulische Weiterlernen zielt wesentlich auf die Entwicklung von Kompetenzen zur Bewältigung von praktischen Lebens- und Arbeitsanforderungen. Die Ausrichtung auf Kompetenzentwicklung muss daher für die Förderung Lebenslangen Lernens in der gesamten Lebensspanne maßgebend sein" (BLK 2004, S. 15).

Die Mitgliederversammlung der Arbeitsgemeinschaft betriebliche Weiterbildungsforschung (ABWF) hält in einem Beschluss fest:

„Im internationalen Wettbewerb sind hohe Kompetenzen der Mitarbeiter ein nachhaltiger Wettbewerbsvorteil. Deutschland verfügt über solche Ressourcen. Es geht darum, diese weiterzuentwickeln und zu erschließen. Von besonderer Bedeutung dabei ist die Entwicklung von Kompetenzen für Innovationen" (ABWF 2006, S. 1).

Das Europäische Parlament und der Rat wollen mit ihrer Empfehlung vom 18.12.2006

„die Bemühungen der Mitgliedsstaaten (...) unterstützen, dass junge Menschen nach der Grundbildung und Ausbildung die Schlüsselkompetenzen erworben haben, die sie für das Erwachsenenleben rüsten und eine Grundlage für das weitere Lernen sowie das Arbeitsleben bilden, und dass Erwachsene ihre Schlüsselkompetenzen ein Leben lang weiterentwickeln und aktualisieren können" (Europäisches Parlament/Rat 2006, S. 13).

Kompetenzentwicklung kann als ein umfassender Ansatz verstanden werden, mit dem mehrere Ziele simultan erreicht werden sollen:
o   persönliche Entfaltung,
o   gesellschaftliche Teilhabe und
o   Beschäftigungsfähigkeit.

Kompetenzentwicklung wird damit als zentrale Komponente zur Sicherung der globalen Wettbewerbsfähigkeit und zum Überleben unserer Gesellschaft angesehen: Sie gerät zu einem Schlüsselelement der Zukunftsgestaltung.

Zum Aufbau des Studientextes: Dieser Studientext nähert sich dem Thema „Kompetenzen" von mehreren Seiten. Er eröffnet zum ersten einen wissenschaftlichen, zum zweiten einen bildungspolitischen und zum dritten einen bildungspraktischen Zugang zum Thema. Der Aufbau des Textes wird im Folgenden skizziert.

Einleitend (Kap. 2) werden die *Grundlagen* geklärt. Aufgezeigt werden die bildungspolitischen Entwicklungslinien, die zur Konjunktur des Kompetenzbegriffs beigetragen haben. Es werden dabei sowohl nationale als auch internationale Aspekte aufgegriffen. Des Weiteren werden Definitionen vorgestellt, die eine klare Abgrenzung zu verwandten bzw. benachbarten Begriffen ermöglichen. Schließlich werden verschiedene Arten bzw. Kategorien von Kompetenzen (z.B. Fachkompetenzen, Methodenkompetenzen usw.) unterschieden.

Auf dieser Grundlage beschäftigt sich Kapitel 3 mit der *Kompetenzgenese*, also der Frage, wie Kompetenzen entstehen, sich verfestigen oder auch verblassen. Bei der Analyse förderlicher und hinderlicher Faktoren des Kompetenzerwerbs werden die bekannten Lerntheorien genauso herangezogen wie sozialisationstheoretische Überlegungen. Gegliedert wird dieses Kapitel nach den unterschiedlichen Wegen zum Kompetenzerwerb (Sozialisation, organisierte Bildungsprozesse, non-formale Bildung, informelles Lernen, Lernen „en passant").

Nachdem aufgezeigt worden ist, wie Kompetenzen erworben werden, soll im nächsten Schritt gezeigt werden, wie diese „sichtbar" gemacht werden können. Den Möglichkeiten und Formen der *Kompetenzerfassung* widmet sich Kapitel 4. Dabei werden die methodischen Grundlagen vermittelt und Verfahren in ihrer Reichweite und Aussagekraft erörtert. Vor- und Nachteile unterschiedlicher Erfassungsmöglichkeiten werden beschrieben.

In Kapitel 5 wird dann der Frage nachgegangen, in welchen Bereichen die vorgestellten Möglichkeiten zur Kompetenzerfassung zur Anwendung kommen. Aus dem breiten Spektrum von *Anwendungsfeldern* werden drei explizit und ausführlich behandelt: Der Blick richtet sich auf

1. Bildungs- und insbesondere Weiterbildungseinrichtungen, die aus unterschiedlichen Gründen Kompetenzmessungen vornehmen (z.B. Einstufung, Lernfortschrittskontrolle, Prüfung);
2. auf Betriebe, für die Kompetenzbeurteilung ein zentrales Aufgabenfeld ist (Personalauswahl, Personalentwicklung etc.);
3. auf die Forschung, die sich in vielfältiger Weise mit Kompetenzdiagnostik auseinandersetzt (z.B. bei international vergleichenden Studien, bei Effektivitätsuntersuchungen und bei der Entwicklung von Instrumenten zur Kompetenzdiagnose).

Erörtert wird im Besonderen, inwieweit die Erfassungsziele auf die Erfassungsmethoden – ihre Präzision und Aussagekraft – Auswirkungen haben.

Zur weiteren Illustration der Aussagen werden in Kapitel 6 einige ausgewählte *Erfassungsinstrumente* beschrieben und analysiert. Darüber hinaus wird den Leserinnen und Lesern damit die Möglichkeit eröffnet, durch den Einsatz der Instrumente im Selbstversuch oder bei Personen aus dem persönlichen Umkreis praktische Erfahrungen im Umgang mit derartigen Verfahren zu sammeln.

Abschließend wird im 7. Kapitel der aktuelle Stand der Kompetenzdiskussion resümiert. Ebenfalls werden mögliche *Perspektiven* aufgezeigt. Dieser Ausblick schließt gleichermaßen Entwicklungserfordernisse in Wissenschaft und Praxis ein. So wird der Stand der Vorbereitungen auf die PIAAC-Erhebung skizziert und eine Abschätzung der bildungspolitischen Möglichkeiten gegeben, die aus den Ergebnissen erwachsen. Es wird des Weiteren gezeigt, dass sich das Testgeschehen in einigen Bereichen durch den Einsatz von EDV effizienter gestalten ließe und dass von daher „technology-based assessment" für Wissenschaft und Praxis eine prüfenswerte Option darstellen dürfte. Schließlich wird der Blick für die Notwendigkeit geöffnet, dass Weiterbildungseinrichtungen ihre Kompetenzerfassungspraxis auf den Prüfstand stellen und ggf. nach Verbesserungsmöglichkeiten suchen müssen.

Dieser Studientext liefert eine Einführung mit dem Ziel, *Überblickswissen* zu einem komplexen Thema zu vermitteln. Für Vertiefungen und Spezialisierungen wird auf die weiterführende Literatur verwiesen. Der Anspruch dieses Textes ist es nicht, elaborierte Messverfahren zu entwickeln und zu erörtern, sondern Einstiege und Zugänge zu vermitteln, die praxisrelevant sind, ohne auf einen wissenschaftlichen Anspruch zu verzichten. Ein wesentliches Ziel dieses Studientextes ist es, die Kompetenz im Umgang mit der Kompetenzdiskussion zu erhöhen.

Lehr- und Lernziele

Daraus ergeben sich im Einzelnen folgende **Lehr-/Lernziele**:

- Bildungspolitische Entwicklungslinien und Weichenstellungen mit Blick auf die Kompetenzdiskussion sollen verortet und beurteilt werden können.

- Begriffliche Abgrenzungen (Qualifikation, Kompetenz, Fähigkeit, Wissen etc.) sollen nachvollzogen werden, so dass die Anwendung der Begriffe in ihren unterschiedlichen Bedeutungs- und Verwendungskontexten möglich ist.

- Verschiedene Kompetenzarten (Fach-, Methoden-, Sozialkompetenz, Schlüsselkompetenzen etc.) sollen differenziert werden können.

- Bedingungen und Formen des Kompetenzerwerbs sollen benannt und lerntheoretisch verortet werden können.

- Methoden der Kompetenzerfassung sollen im Kontext von Anwendungsfeldern beurteilt und in ihrer Praxisrelevanz eingeschätzt werden können.

- Ausgewählte Instrumente unterschiedlicher Reichweite sollen in ihren konzeptionellen Grundlagen und Zielsetzungen kennengelernt werden.

- Durch die Anwendung im Selbstversuch sollen erste praktische Erfahrungen in der Anwendung gesammelt werden.

2. Grundlagen

2.1 Bildungspolitische Entwicklungslinien und Weichen-stellungen – Zur Konjunktur des Kompetenzbegriffs

Am 23. und 24. März 2000 traf der Europäische Rat zu einer Sondertagung in Lissabon zusammen und formulierte eine sehr weitreichende und ambitionierte Perspektive, die als Lissabon-Strategie in den Sprachgebrauch übergegangen ist (vgl. Schneider/Spelten 2005). Die EU reagierte auf die aus der Globalisierung und aus der Wissensgesellschaft resultierenden Herausforderungen mit der Setzung eines neuen strategischen Ziels für das kommende Jahrzehnt: Die Union soll zum wettbewerbsfähigsten und dynamischsten wissensbasierten Wirtschaftsraum der Welt gemacht werden – „einem Wirtschaftsraum, der fähig ist, ein dauerhaftes Wirtschaftswachstum mit mehr und besseren Arbeitsplätzen und einem größeren sozialen Zusammenhalt zu erzielen" (Europäischer Rat 2000, Tz. 5).

Mit dem „Memorandum über Lebenslanges Lernen" (Memorandum on Lifelong Learning) vom Oktober 2000 wird der Faden von Lissabon ausdrücklich aufgenommen und bildungsspezifisch weitergesponnen, indem postuliert wird, „dass der erfolgreiche Übergang zur wissensbasierten Wirtschaft und Gesellschaft mit einer Orientierung zum Lebenslangen Lernen einhergehen muss" (Europäische Kommission 2000, S. 3; im Original fett). Der Wirtschaftsraum der EU wird damit um den Aspekt des Bildungsraums als Grundlage für eigene Wettbewerbsfähigkeit im internationalen Maßstab erweitert. In sechs zentralen Botschaften wird ein Diskussionsrahmen zur Umsetzung des Konzepts geschaffen (ebd., S. 12–23):

1. „Neue Basisqualifikationen für alle",
2. „Höhere Investitionen in die Humanressourcen",
3. „Innovation in den Lehr- und Lernmethoden",
4. „Bewertung des Lernens",
5. „Umdenken in Berufsberatung und Berufsorientierung",
6. „Das Lernen den Lernenden auch räumlich näher bringen".

Ziel der vierten Botschaft ist die Neubewertung des Lernens, im Besonderen auch die Zertifizierung von nicht-formalen und informellen Lernprozessen (vgl. ebd., S. 18f.; zu den Begriffen nicht-formales und informelles Lernen vgl. Kap. 3.3 und 3.4). Im Einzelnen geht es um die Entwicklung innovativer Formen der Bewertung und Anerkennung sowie um Verfahren der Anrechenbarkeit von Lernleistungen, um Standardisierung und mehr Transparenz.

Das erweiterte Verständnis von Lernen wird noch einmal verstärkt in dem Kommissionspapier „Einen europäischen Raum des Lebenslangen Lernens schaffen" („Making an European Area of Lifelong Learning a Reality") vom November 2001 (Europäische Kommission 2001). Dort wird lebenslanges Lernen auch als Reaktion auf Kritik am Memorandum und seine starke Ausrichtung auf die Beschäftigungsfähigkeit umfassend definiert (ebd., S. 9; im Original kursiv) als:

> alles Lernen während des gesamten Lebens, das der Verbesserung von Wissen, Qualifikationen und Kompetenzen dient und im Rahmen einer persönlichen, bürgergesellschaftlichen, sozialen bzw. beschäftigungsbezogenen Perspektive erfolgt.

Auch mit Blick auf die Bewertung des Lernens und der Lernwege wird dieses Kommissionspapier eindeutiger (ebd., S. 16):

> Menschen können das Lernen in Schule und Universität, in Ausbildungseinrichtungen, am Arbeitsplatz, in der Freizeit und in der Familie nur kombinieren und nutzbringend einsetzen, wenn zuvor alle Lernformen identifiziert, bewertet und anerkannt wurden. Daher ist ein umfassendes neues Konzept zur Lernbewertung notwendig, um Brücken zwischen verschiedenen Lernkontexten und Lernformen zu schlagen und den Zugang zu individuellen Lernwegen zu erleichtern.

Darüber hinaus werden konkrete Maßnahmen vorgeschlagen. Dazu gehören Forschungsarbeiten, Erfahrungsaustausch und auch neue *Instrumente der Kompetenzerfassung*.

Die Umsetzung des Konzepts vom Lebenslangen Lernen hat weltweit zu ambitionierten Anstrengungen geführt, Lernleistungen sichtbar zu machen, die nicht im Rahmen formaler Bildungsprozesse entstanden sind (vgl. Bjørnåvold 2000). In diesem Zusammenhang sind Initiativen zu erwähnen, die die Individuen anregen sollen, über eigene Kompetenzen nachzudenken, sie zu erkennen, zu bewerten und einzuordnen (z.B. über *Portfolio- und Pass-Ansätze*) (vgl. DIE/DIPF/IES 2004). Hervorzuheben sind in diesem Zusammenhang diverse Aktivitäten auf EU-Ebene (Europäischer Lebenslauf, Computerführerschein, Europäisches Sprachportfolio, Europass-Berufsbildung), die über einheitliche Kategorien und Zuordnungshilfen *Transparenz* herstellen sollen.

Des Weiteren werden ordnungspolitische Anstrengungen unternommen, Qualifikationen und Kompetenzen international zu vergleichen bzw. vergleichbar zu machen. Hier sind u.a. zu erwähnen der Europäische Qualifikationsrahmen (European Qualifications Framework – *EQF*) (vgl. Europäische Kommission 2005 und 2008 sowie Europäisches Parlament/Rat 2008; siehe ausführlich Kap. 6.3) und das Europäische Kreditpunktesystem für die berufliche Bildung (European Credit System for Vocational Education and Training – *ECVET*), bei dem es um ein Leistungspunktesystem zur Verbesserung der Vergleichbarkeit von Leistungen in der beruflichen Bildung geht (vgl. BMBF 2009, S. 46 und Europäisches Parlament/Rat 2009).

Bei den EU-Strategien zum Lebenslangen Lernen gibt es eine Reihe weiterer Aktivitäten wie Anerkennungsverfahren für informell erworbene Kompetenzen, die Projekte zu sektoralen Qualifikationen durchführen oder die Ansätze zur Qualität in der beruflichen Bildung aufzeigen (vgl. BLK 2004, S. 13ff.; BMBF 2009, S. 45ff.). Durchgängig wird hier eine Umorientierung von Input- zu Outputsystemen beobachtet, d.h. nicht allein die Qualitätssicherung bei den Lehr-/Lerninhalten und Lernprozessen ist entscheidend, sondern auch die Orientierung an den Lernergebnissen und ihren Verwendungsmöglichkeiten (learning outcomes) gewinnt zunehmend an Bedeutung. Diese Tendenz ist ebenfalls bei vielen nationalen Initiativen festzustellen, insbesondere dann, wenn die im Prozess des Lebenslangen Lernens erworbenen individuellen Kompetenzen erfasst und gewichtet werden sollen. Das gilt in der Zwischenzeit für die meisten europäischen Länder und nicht nur für die „traditionell" so ausgerichteten Staaten wie Irland oder das Vereinigte Königreich.

In all diesen genannten Aktivitäten spielen die Entwicklung, Erfassung und Zertifizierung von Kompetenzen eine zentrale Rolle. Abgerundet und akzentuiert wird dieses Spektrum durch wissenschaftsbasierte Anstrengungen für *international vergleichende Kompetenzerhebungen* wie der von der OECD angestoßene PIAAC-Prozess, der im Ergebnis dazu führen soll, dass spätestens 2011/2012 weltweit eine Erhebung bei Erwachsenen durchgeführt wird (vgl. OECD 2008; Schleicher 2008).

Diese internationale Diskussion findet ihre Entsprechung auch auf der nationalen Ebene. So heißt es im Aktionsprogramm der Bundesregierung „Lebensbegleitendes Lernen für alle", dass „Verfahren zur Messung und Bewertung individueller Kompetenzentwicklung – auch in informellen, selbstorganisierten Lernprozessen – erarbeitet werden" sollen (BMBF 2001, S. 6). Unter anderem sollen „Netzwerke, in denen alle Bildungsbereiche zusammenarbeiten, gemeinsam die Zertifizierung selbstgesteuerter Lernerfolge für externe Bewerber/innen entwickeln und erproben" (ebd.). An anderer Stelle wird die berufliche Kompetenzentwicklung im Zusammenhang mit innovativer Arbeitsgestaltung angesprochen und auf das Forschungs- und Entwicklungsprogramm *Lernkultur Kompetenzentwicklung* verwiesen (vgl. ebd., S. 17ff.).

In der *Strategie für Lebenslanges Lernen in der Bundesrepublik Deutschland*, die schon im Einleitungskapitel Erwähnung gefunden hat, werden acht Entwicklungsschwerpunkte genannt:

1. Einbeziehung informellen Lernens,
2. Selbststeuerung,
3. Kompetenzentwicklung,
4. Vernetzung,

5. Modularisierung,
6. Lernberatung,
7. neue Lernkultur/Popularisierung des Lernens,
8. chancengerechter Zugang (vgl. BLK 2004, S. 14ff.).

Damit wird deutlich, dass Kompetenzentwicklung auch hier einen hohen Stellenwert besitzt und der Anschluss an die europäischen Orientierungen gesucht wird. Mit Blick z.B. auf Erwachsene sollen durch Bildungsangebote personale, soziale und berufliche Kompetenzen gleichermaßen entwickelt werden. „Neben der Berufsfähigkeit ist auch die Werteorientierung und die gesellschaftliche Verantwortung Zielsetzung der Kompetenzentwicklung" (ebd., S. 27).

Deutschland liegt in der Kompetenzdebatte allerdings im europäischen und weltweiten Vergleich sowohl bei der theoretischen Fundierung, bei der Setzung von politischen Rahmenbedingungen als auch bei der Erprobung bzw. praktischen Umsetzung nicht an der Spitze. Dies ist vor allem darin begründet, dass durch das deutsche Berufsbildungssystem ein *hoher Grad an Formalisierung* erreicht ist, der in *anerkannten Zertifikaten* seinen Niederschlag findet. Das von professionellen Lehrkräften gestaltete Lehr-/Lernarrangement gilt als Königsweg der Qualifizierung, der institutionelle Kontext als Erfolgsgarantie für erfolgreiches Lernen. Informelles Lernen hat in dieser Sicht allenfalls eine ergänzende Funktion und steht im Verdacht, unsystematisch und zufällig zu sein.

Die *formale Kompetenzzuweisung* z.B. in Form eines Diploms oder eines Gesellenbriefs ist auch heute noch im Regelfall an die Absolvierung eines vorgeschalteten Bildungsgangs gebunden. Zwar gibt es Abweichungen von diesem System (z.B. die Zulassung zum Hochschulstudium ohne Reifezeugnis), doch sie sind an ambitionierte Voraussetzungen (z.B. langjährige Berufstätigkeit, Bestehen einer Zulassungsprüfung) gebunden und gelten als Ausnahmeregelung. Dieses weithin akzeptierte System hat den Handlungsdruck für die Dokumentation insbesondere von informellen Lernprozessen und den dabei erreichten Lernleistungen vergleichsweise niedrig gehalten. Es wächst jedoch auch im deutschen Bildungssystem die Sensibilität und das Problembewusstsein für diesen bildungspolitischen Komplex. So hat sich in den vergangenen Jahren in Deutschland die Wertschätzung für das informelle Lernen deutlich erhöht. Arbeitsplatznahes bzw. arbeitsintegriertes Lernen sind genauso in das bildungspolitische und wissenschaftliche Blickfeld geraten wie das Lernen im sozialen Umfeld (vgl. Trier 1998; BIBB/IES/IW 1998; ABWF 2005). In Zusammenhang damit hat auch die *Kompetenzbasierung* an Gewicht gewonnen: Vor allem betriebliche Entscheidungsträger legen Wert auf das tatsächliche Können, auf die Bewährung im Ernstfall. Formale Qualifikationsnachweise werden als Signal gewertet, keinesfalls aber als Garant für erfolgreiches berufliches Handeln.

Bildungspolitisch ist dieser Aspekt auf der Folie neoliberaler Sichtweisen zu einem anti-institutionalistischen Ansatz verdichtet worden, der das alleinige Heil in informellen, v.a. in arbeitsplatzorientierten Lernprozessen sieht und formale Lernprozesse als suboptimal verbannt oder zumindest auf einen nachrangigen Platz verweist (vgl. Staudt/Kriegesmann 1999). Derartige Zuspitzungen sind heute nicht mehr diskussionsprägend. Der Begriff „Kompetenz" und seine Zusammensetzungen (z.B. Kompetenzentwicklung, Kompetenz-messung etc.) sind allseits gebräuchlich. Nicht zu verkennen ist indes, dass die Begriffsver-wendung und die dahinterstehenden Ansätze nicht frei von Kontroversen sind.

2.2 Der Kompetenzbegriff und seine Abgrenzung zu verwandten Begriffen

Bei der Nachzeichnung der bildungspolitischen Entwicklungslinien sind schon die zentralen Begriffe der bildungspolitischen Diskussion erwähnt worden. Aufmerksame Leser werden sicher entdeckt haben, dass der Kompetenzbegriff nicht einheitlich und trennscharf verwendet wird. Im Besonderen ist auch nicht immer klar, wo die Trenn-linien zu den benachbarten Begriffen (z.B. Qualifikation, Bildung) verlaufen. Im Folgen-den soll nun versucht werden, ein wenig Klarheit in den Begriffsdschungel zu bringen.

Als lohnend erweist sich ein etymologischer Einstieg. Das Wort „Kompetenz" ist lateinischen Ursprungs. Das lateinische Wort „competentia" bezeichnet dabei in deut-scher Übersetzung das Substantiv „Zusammentreffen", das Adjektiv „competens" lässt sich mit „angemessen" ins Deutsche übertragen. Damit sind erste Anhaltspunkte ge-wonnen: Kompetenz zeigt sich offenbar, wenn beim Zusammentreffen situativer Er-fordernisse und dem individuell zur Verfügung stehenden Potenzial an Kenntnissen, Fertigkeiten etc. angemessen gehandelt werden kann.

Ein weiterer Meilenstein in der Begriffsbildung ist die Unterscheidung des Sprach-wissenschaftlers Noam Chomsky in *Kompetenz und Performanz* (vgl. Chomsky 1973; Vonken 2005, S. 19ff.). Als Kompetenz bezeichnet er dabei die Fähigkeit von Sprechen-den und Zuhörenden, mithilfe eines begrenzten Repertoires von Regeln (z.B. Syntax, Grammatik) und Grundelementen (z.B. Worten, Ziffern etc.) prinzipiell unendlich viele Sätze bilden und verstehen zu können. Die Nutzung dieses Potenzials zeigt sich in kon-kreten Sprech- und Verstehensakten, der Performanz, die im Gegensatz zur Kompetenz prinzipiell beobachtbar und registrierbar ist.

Diese grundlegende Unterscheidung von Kompetenz und Performanz lässt sich auch auf andere Bereiche übertragen und hat von daher die allgemeine Kompetenz-diskussion stark geprägt. Die konkreten Ausformungen der Kompetenzdefinitionen sind indes vielfältig, unterschiedlich akzentuiert und widersprechen sich zum Teil. Eine kleine Auswahl von Definitionsbeispielen verdeutlicht diese Aussage.

Beispiele für Kompetenzdefinitionen

„Kompetenzen sind Dispositionen zur Selbstorganisation menschlichen Handelns, das kreative Denkhandeln eingeschlossen; sie sind Selbstorganisationsdispositionen" (Erpenbeck 2003, S. 365).

„Kompetenz bezeichnet das Handlungsvermögen der Person. (...) Kompetenz umfasst nicht nur inhaltliches bzw. fachliches Wissen und Können, sondern auch außerfachliche bzw. überfachliche Fähigkeiten, die häufig mit Begriffen wie Methodenkompetenz (know how to know), Sozialkompetenz, Personalkompetenz oder auch Schlüsselqualifikationen umschrieben werden" (Arnold 2001, S. 176).[1]

„Kompetenzen (sind) kontextspezifische kognitive Leistungsdispositionen, die sich funktional auf Situationen und Anforderungen in bestimmten Domänen beziehen" (Klieme/Leutner 2006, S. 4).

„Unter dem allgemeinen Begriff „Kompetenz" sind zunächst Fähigkeiten, Methoden, Wissen, Einstellungen und Werte zu verstehen, deren Erwerb, Entwicklung und Verwendung sich auf die gesamte Lebenszeit eines Menschen beziehen. Die Kompetenzentwicklung wird aus der Perspektive des Subjekts, seiner Fähigkeiten und Interessen gesehen und bezieht in ihrer Subjektorientierung die Bildungsdimension mit ein" (Dehnbostel/Gillen 2005, S. 32).

„Kompetenz ist Grundlage von Handlungen bzw. Aufgabenerfüllungen und basiert auf individueller Ebene auf einem Zusammenspiel
- ⊙ der Handlungsfähigkeit (explizites, implizites Wissen und Fertigkeiten) als kognitiver Basis,
- ⊙ der Handlungsbereitschaft als motivationale Basis und
- ⊙ der Zuständigkeit als organisatorischer Legitimation und Einbindung in den Unternehmenskontext.
Handlungsfähigkeit und Handlungsbereitschaft bestimmen dabei zusammen die individuelle Handlungskompetenz, die eng mit Persönlichkeitseigenschaften verbunden ist. Erst die organisatorisch-technologische Einordnung in den Unternehmenskontext (Zuständigkeit) macht die Kompetenz zur Handlung in arbeitsteiligen Organisationen aus" (Staudt/Kriegesmann/Muschik 2003, S. 160).

Vor diesem Hintergrund soll im Folgenden eine Definition als für den weiteren Text maßgebend ausgewählt werden, die eine vergleichsweise große Verbreitung und Akzeptanz gefunden hat und zudem viele der genannten Aspekte integriert. Sie ist in einem Kreis internationaler Wissenschaftler generiert worden und ist leitend bei den großen internationalen Kompetenzerhebungen.

---

1   Es handelt sich um einen Wörterbuchbeitrag, bei dem die vom Autor verwendeten Abkürzungen ausgeschrieben und die Querverweise weggelassen worden sind.

DEFINITION

Kompetenz

In dem OECD-Projekt **DeSeCo** (**De**fining and **Se**lecting Key **Co**mpetencies) werden Kompetenzen folgendermaßen definiert[2]:

Eine Kompetenz ist die Fähigkeit zur erfolgreichen Bewältigung komplexer Anforderungen in spezifischen Situationen. Kompetentes Handeln schließt den Einsatz von Wissen, von kognitiven und praktischen Fähigkeiten genauso ein wie soziale und Verhaltenskomponenten (Haltungen, Gefühle, Werte und Motivationen). Eine Kompetenz ist also zum Beispiel nicht reduzierbar auf ihre kognitive Dimension, sie beinhaltet mehr als das (vgl. OECD 2003, S. 2; ausführlich: Rychen/Salganik 2003b, S. 41ff.).

Ein Beispiel soll dies verdeutlichen. Die Fremdsprachenkompetenz einer Person setzt sich aus mehreren Komponenten zusammen. Sie hat Vokabel- und Grammatikkenntnisse, sie hat Sprachfertigkeiten (z.B. die saubere Aussprache des „th" im Englischen). Dies alles sind Voraussetzungen, um in der entsprechenden Situation kompetent zu handeln (z.B. in London nach einer bestimmten Straße zu fragen oder sich an einer englisch geführten Diskussion zu beteiligen), doch hinzu kommen müssen weitere Komponenten (zum Beispiel Mut, das Wort zu ergreifen, oder Vertrauen in die angesprochenen fremdsprachigen Personen). Fremdsprachenkompetenz zeigt sich also nicht nur darin, beim Vokabeltest gut abzuschneiden, sondern vor allem darin, in bestimmten Situationen die Sprachäußerungen hervorzubringen, die sachgerecht und wirksam sind, also zum erwünschten Ergebnis führen. Im Gegensatz zu Kompetenzen werden unter *Qualifikationen* definierte Bündel von Wissensbeständen und Fähigkeiten, die in organisierten Qualifizierungs- bzw. Bildungsprozessen vermittelt werden, verstanden. Der Erfolg dieser Vermittlungsbemühungen wird gewöhnlich durch Prüfungen evaluiert und testiert.

Insbesondere im Bereich beruflicher Qualifizierungsprozesse sind die Inhalte so konzipiert, dass eine berufliche bzw. praktische Verwertbarkeit gegeben ist. Konzeptionell wird angestrebt, die Absolvent/inn/en zu kompetentem Handeln zu befähigen (z.B. durch Praktika, Rollenspiele, Projekte), mit anderen Worten: ein Kompetenzpotenzial anzulegen. Zentral bleibt aber, dass die Prüfungen nicht den erfolgreichen Transfer des Gelernten, sondern nur das aktuelle Vorhandensein prüfungsrelevanter Kenntnisse und Fähigkeiten nachweisen.

---

2   Es handelt sich um eine eigene, zusammenfassende Übersetzung der folgenden Passage: „A competence is defined as the ability to successfully meet complex demands in a particular context. Competent performance or effective action implies the mobilization of knowledge, cognitive and practical skills, as well as social and behaviour components such as attitudes, emotions, and values and motivations. A competence – a holistic notion – is therefore not reducible to its cognitive dimension, and thus the terms competence and skill are not synonymous" (OECD 2003, S. 2).

Nicht ganz so einfach wie zum Qualifikationsbegriff lässt sich das Verhältnis von Kompetenz zu *Bildung* bestimmen. Die Einschätzungen reichen von „anschlussfähig" bis „gegensätzlich", wie die Beiträge im Report 49 (Juni 2002) zum Thema „Kompetenzentwicklung statt Bildungsziele?" deutlich belegen.

Elemente des traditionellen Bildungsbegriffs

Im Rückgriff auf ein Standardwerk der Erziehungswissenschaften, „Bildung und gesellschaftliches Bewußtsein" (vgl. Strzelewicz/Raapke/Schulenberg 1966), werden die Grundelemente des traditionellen Bildungsbegriffs herausgearbeitet. Danach verweist der Bildungsbegriff auf vier zentrale Aspekte:

1. Bildung weist als Formung zum Menschen zuerst einmal auf Humanität. Sie ist „Kampfansage gegen die ständischen Privilegierungen wie gegen jede soziale Privilegierung und Ausdruck für eine auf aktive Umgestaltung der sozialen Lebensbedingungen bezogene Haltung, durch die allen zuteil werden sollte, was als menschlich postuliert worden ist" (ebd., S. 29f.).

2. Die Bildungsvorstellung wird mit der autonomen und freien Person oder Individualität in Verbindung gebracht. Sie äußere sich in der Selbstständigkeit und Freiheit zur kritischen Distanzierung von den jeweils gegebenen gesellschaftlichen Strukturen. „Diese werden sozialhistorisch transparent gemacht und erscheinen als Aufgabe für die Anstrengungen um Humanisierung und Demokratisierung menschlichen Daseins. Die Reflexion auf die gesellschaftlichen Bedingungen und ihre Veränderlichkeit wird zu einem konstituierenden Element von Bildung" (ebd., S. 30).

3. Gefordert wird eine allseitig entfaltete Persönlichkeit, die nicht durch eine übertriebene Spezialisierung in ihren Entwicklungsmöglichkeiten eingeschränkt ist (vgl. ebd., S. 31).

4. Der Bildungsbegriff stellt auf eine nichtautoritäre Persönlichkeitsauffassung ab. Es geht um intellektuelle Rechtschaffenheit und kritische Selbstständigkeit. „Eine in diesem Sinne gebildete Person entwickelt das Optimum an relativer Autonomie gegenüber allen autoritären Manipulationsversuchen und damit auch das Optimum an Widerstandskraft gegen jede vorurteilshafte Einstellung" (ebd., S. 35).

Gemeinsam haben Bildung und Kompetenzentwicklung eine ganzheitliche Ausrichtung: Der Mensch in all seinen Facetten gerät in den Blickpunkt, seine Haltungen und Werte genauso wie seine Fertigkeiten und Wissensbestände. Im Unterschied zur Kompetenzentwicklung verweist aber der Bildungsbegriff auf eine Wertebasis, auf normative Vorgaben, die auf ein bestimmtes Menschenbild zurückgehen, welches mit den Ideen der Aufklärung und der Demokratie verbunden ist. Dieses Menschenbild hat Eingang gefunden in unsere Verfassung, es ist somit Leitlinie und Regulativ für politische Entscheidungen und alltägliches Handeln, indem es Essentials formuliert und damit zugleich Gestaltungsräume und Grenzen bezeichnet. Der hier verwendete Kompetenzbegriff ist in dieser Hinsicht neutral oder – negativ ausgedrückt – beliebig. Er berücksichtigt Werte, aber schreibt nicht vor, welche Ausprägungen sie haben sollen.

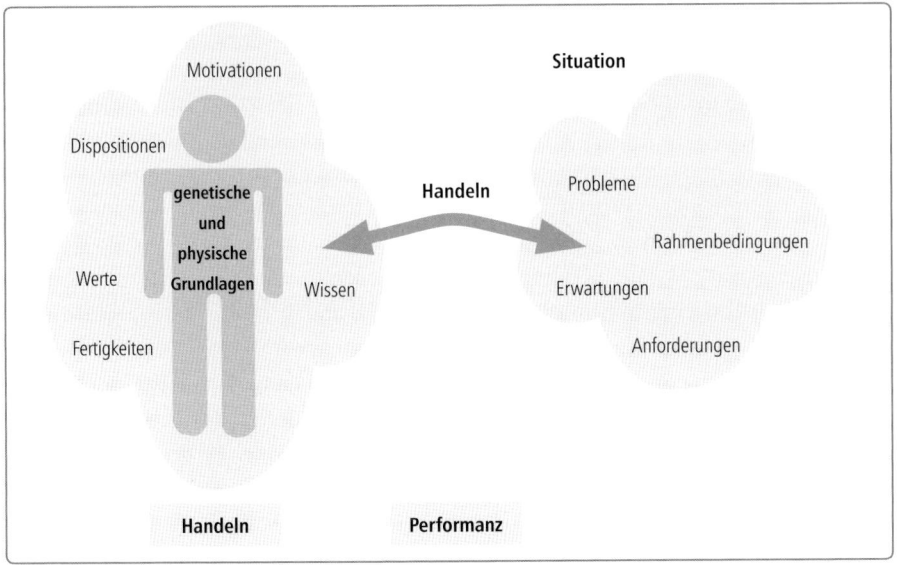

Abbildung 1: Kompetenz und Performanz

In Abbildung 1 werden die Zusammenhänge noch einmal verdeutlicht. Jedes Individuum besitzt spezifische *Kenntnisse, Fertigkeiten, Werte und Haltungen sowie Dispositionen und Motivationen,* die im Bedarfsfall eingesetzt werden können. Dieses Potenzial ändert sich im Zeitablauf, ist abhängig von körperlichen und genetischen Rahmenbedingungen, variiert in Abhängigkeit von biographischen Erfahrungen. Auf eine je spezifische Situation mit ihren Anforderungen und Rahmenbedingungen reagiert das Individuum mit Handeln und zeigt damit, in welcher Weise das vorhandene Potenzial zum Tragen kommt. Bei vergleichsweise einfach strukturierten Situationen wird das mehr oder weniger kompetente Handeln einer Person konstant und vorhersehbar sein, in komplexen Situationen, in denen z.B. Reaktionen anderer Personen im Handlungsfeld wirksam werden, ist die Spannbreite der Handlungsausführung breiter und weniger gut vorhersehbar.

BEISPIEL

Ein Fußballtorwart, dem seine Mitspieler die Bälle zum Aufwärmen zuspielen, wird im Regelfall jeden Schuss sicher abfangen. Anders sieht die Situation in einem Fußballspiel gegen eine andere Mannschaft aus, bei der eine unüberschaubare Zahl von Rahmenbedingungen und individuellen Strategien wirksam wird. Der Torwart wird im Bewährungsfall seine Kompetenz unter Beweis stellen und dabei Handlungen produzieren, die in ihrer Performanz deutlich variieren: Viele Schüsse und Kopfbälle wird er brillant abwehren, doch ab und an unterlaufen selbst Nationaltorhütern fatale Fehler und der Ball rutscht ihnen durch die Hände ins Tor.

2.3 Bausteine von Kompetenz

Bei der Definition von Kompetenz ist deutlich geworden, dass zur Performanz das Zusammenspiel mehrerer Elemente nötig ist. Diese Elemente sind in Abbildung 1 aufgeführt und sollen im Folgenden etwas genauer betrachtet werden.

Bei der Komponente *Wissen* handelt es sich um die Kenntnisse von Fakten und Regeln, die dem Individuum abrufbar zur Verfügung stehen. Faktenwissen bezieht sich z.B. auf Einzelereignisse (wie die Kenntnis eines historischen Datums), auf Ortsangaben (wie die Adresse einer wichtigen Behörde) oder auf Begriffe und ihre Verwendung (wie die Bedeutung des Fremdworts „intraoperativ"). Regelkenntnisse sind zum Beispiel die Kenntnis der binomischen Formel oder das Wissen, wie man eine Landkarte liest bzw. eine Maschine bedient. Wissen ist unterschiedlich komplex, besitzt unterschiedliche Reichweiten und Spezialisierungsgrade. Die individuellen Wissensbestände unterliegen einer kontinuierlichen Umschichtung durch Veralten des Wissens, durch Vergessen und durch das Hinzufügen neuer Wissensbestände (vgl. Nolda 1999, S. 337ff.; Bernien 1997, S. 23ff.).

Bei der Komponente *Fertigkeiten* wird im Gegensatz zu den eben beschriebenen kognitiven Möglichkeiten auf die sensumotorischen Aspekte des individuellen Leistungsvermögens abgestellt. Es geht zum Beispiel um das handwerkliche Geschick, die Fingerfertigkeit, das Beherrschen von „Techniken", aber auch um das physische Sprachvermögen, die Fähigkeit zu prononcieren oder einen hohen Ton zu singen, um die Nutzung aller Sinne. Fertigkeiten werden häufig durch Üben und Training „eingeschliffen" und vervollkommnet, sie laufen in vielen Fällen quasi automatisiert oder routiniert ab, in anderen Fällen werden sie sehr bewusst und gezielt eingesetzt. Auch Fertigkeiten unterliegen wie die Wissensbestände der „Abnutzung" und der „Aufstockung" (vgl. auch Erpenbeck/v. Rosenstiel 2003b, S. XXVIII; Faulstich 1998, S. 98ff.).

Die Komponente *Dispositionen* zielt auf Persönlichkeitseigenschaften, die vergleichsweise stabil im Lebensverlauf sind. Neurowissenschaftliche Forschungen haben ergeben, dass der Prozess der Persönlichkeitsbildung im Wesentlichen mit der Pubertät abgeschlossen ist und danach nur noch unter extremen Bedingungen Änderungen stattfinden (vgl. Siebert/Roth 2003, S. 18). Auflistungen und Schemata zur Kategorisierung von Persönlichkeiten sind vielfältig und werden in der Fachwissenschaft, im Besonderen in der Psychologie, kontrovers diskutiert (vgl. Erpenbeck/v. Rosenstiel 2003b, S. XXVIII; Paulus 1999).

Bei den „Big Five" (vgl. Kap. 6.5) handelt es sich um ein Raster, welches vergleichsweise große Akzeptanz findet. Es greift fünf Merkmalskomplexe auf: Neurotizismus, Extraversion, Verträglichkeit, Gewissenhaftigkeit und Offenheit für neue Erfahrungen.

1. Die Dimension „Neurotizismus" bildet dabei die emotionale Stabilität ab und lässt sich veranschaulichen durch Attribute wie „ängstlich", „nervös" und „gestresst"

auf der einen Seite (hoher Grad von Neurotizismus) und „selbstsicher", „zufrieden" und „entspannt" auf der anderen Seite (niedriger Grad von Neurotizismus).

2. Die Dimension „Extraversion" misst so etwas wie Offenheit/Entgegenkommen mit Blick auf andere Personen. Auf der einen Seite sind es Personen, die als „unbekümmert", „zugewandt" und „entscheidungsfreudig" klassifiziert werden können (extrovertiert), auf der anderen Seite solche, die eher als „zögernd", „abgewandt" und „zurückgezogen" gelten (introvertiert).

3. Die Dimension „Verträglichkeit" bewegt sich zwischen Polen wie „mitfühlend/hilfsbereit/vertrauensvoll" und „misstrauisch/reizbar/manipulativ".

4. Die Dimension „Gewissenhaftigkeit" unterscheidet Menschen danach, ob sie mehr oder weniger sorgfältig oder nachlässig, wohlorganisiert oder planlos, pflichtbewusst oder lustbetont sind.

5. Die Dimension „Offenheit für neue Erfahrungen" zielt schließlich auf so etwas wie den Grad der intellektuellen Neugier, die Bereitschaft, neue Wege zu gehen oder zuzulassen.

Bei der Komponente *Werte* handelt es sich um Haltungen und Einstellungen, die Personen gegenüber Dingen, Personen oder Personengruppen sowie gegenüber Ideen und Verhaltensweisen entwickeln bzw. entwickelt haben. Derartige Werte können religiös, politisch oder kulturell unterlegt sein, aber auch in familiären oder organisatorischen Kontexten gründen. Zu denken ist zum Beispiel an die mit dem christlichen Glauben verbundene Wertebasis, an die Menschenrechte, an das mit dem skizzierten Bildungsbegriff transportierte Menschenbild, aber auch Firmenleitbilder oder selbst entwickelte persönliche Maximen (z.B. „Erst die Familie, dann die Arbeit!").

Schließlich geht es um Motivationen als Bausteine von Kompetenz. Dabei handelt es sich um die emotionalen Antriebskräfte und Interessen, die das individuelle Handeln anregen, auslösen und in seiner Intensität bestimmen. Motive schließen die Handlung in ihrer Aufwands- und Ertragsdimension mit ein, berücksichtigen also die Anstrengung der Handlungsausführung und die erwartete „Belohnung" (vgl. Heckhausen 1988; Skowronek 1999, S. 231f.; Siebert 2006a, S. 58ff.). Handlungsauslösend können zum Beispiel sein der Anreiz, Geld zu verdienen, die Angst vor Strafe oder der Wunsch, einer anderen Person zu helfen.

Bei den Komponenten blieb bisher der Begriff der Fähigkeit unberücksichtigt. Erpenbeck/v. Rosenstiel (2003b, S. XXIX) verstehen darunter

verfestigte Systeme verallgemeinerter psycho-physischer Handlungsprozesse (...), einschließlich der zur Ausführung einer Tätigkeit oder Handlung erforderlichen inneren psychischen Bedingungen (...) und der lebensgeschichtlich erworbenen Eigenschaften.

Damit liegt der Begriff „Fähigkeit" sehr nahe an dem oben definierten Kompetenzbegriff, was nebenbei erklärt, das Kompetenz und Fähigkeit häufig synonym oder überlappend verwendet werden. An dieser Stelle soll der Fähigkeitsbegriff enger gefasst werden und nur das Zusammenspiel der Wissens- und der Fertigkeitskomponenten umreißen. Danach ist Lesefähigkeit die Fertigkeit, Sprachlaute zu produzieren, in Verbindung mit Kenntnissen über die Bedeutung von Wörtern, Satzzeichen und Satzbauregeln. Fähigkeit wäre damit so etwas wie ein Oberbegriff für Kenntnisse und Fertigkeiten. Für die meisten Menschen dürften Lesefähigkeit und Lesekompetenz kaum zu unterscheiden sein. Eine Variation des Beispiels mag verdeutlichen, welche Rolle die anderen Komponenten spielen: Das Ausmaß der Vorlesekompetenz dürfte bei Personen mit gleicher Lesefähigkeit im oben gemeinten Sinne durchaus variieren in Abhängigkeit zum Beispiel vom Grad der Extraversion und vom Grad des Neurotizismus, aber auch von der Motivlage (Will ich mein Kind durch das Vorlesen erfreuen oder belehren?).

2.4 Arten von Kompetenzen

Zur weiteren Verfeinerung der Begrifflichkeit finden sich in der Literatur Differenzierungen und Aufspaltungen des Kompetenzbegriffs. Kaum eine Kombination wird ausgelassen, immer neue Kombinationen entstehen. So gibt es zum Beispiel Demokratiekompetenz, Partizipationskompetenz, Konfliktkompetenz, Medienkompetenz, um nur einige zu nennen. An dieser Stelle sollen nur zwei dieser Begriffshierarchien vorgestellt werden, die weite Verbreitung gefunden haben.

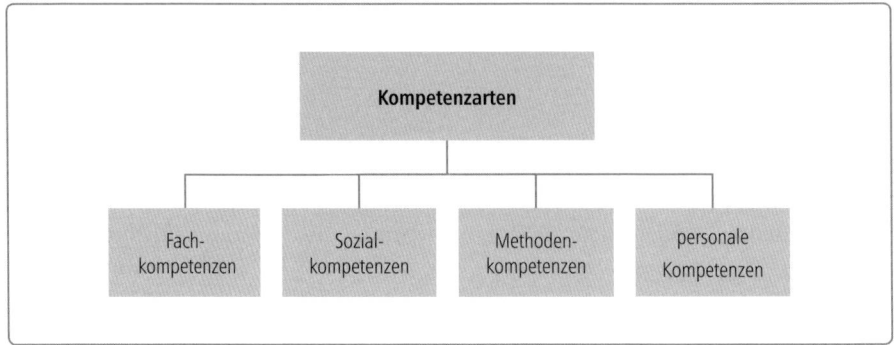

Abbildung 2: Kompetenzarten

An erster Stelle ist zu erwähnen die Unterscheidung zwischen Fachkompetenzen und übewrfachlichen Kompetenzen, worunter Methodenkompetenz, Sozialkompetenz und personale Kompetenz fallen (vgl. Abb. 2) (vgl. z.B. Bernien 1997, S. 32ff.). Bei der Fachkompetenz handelt es sich um spezialisierte und auf eingegrenzte Gebiete bezogene Kompetenzen. Häufig handelt es sich um berufliche Kompetenzen (eine Waschmaschine reparieren bzw. einen Fragebogen konzipieren können), aber auch die Ausübung eines Hobbys (z.B. Blumenzucht oder Sport) oder die Bewältigung von privaten Herausforderungen (z.B. Hausbau, Krankheit) kann zu speziellen fachlichen Kompetenzen führen.

Demgegenüber beziehen sich die anderen drei Teilkompetenzen auf solche Aspekte, die praktisch in allen Lebenslagen prinzipiell einsetzbar sind. Dies gilt besonders für die personalen Kompetenzen, also solchen, die darum kreisen, wie sich das Individuum selbst organisiert (z.B. Zeitmanagement, Entscheidungsbildung, Organisationstalent), aber auch für die Sozialkompetenzen, die im Miteinander mit anderen Personen wirksam werden können (z.B. Teamgeist, Anpassungsbereitschaft, Konfliktfähigkeit). Bei der Methodenkompetenz lässt sich diese eindeutige Trennung nicht unbedingt durchhalten: So gibt es Methoden mit einem sehr eindeutigen Fachbezug (z.B. Analysemethoden in der Medizin, Zinsberechnungsmethoden im Bankwesen) und solche, die über ein weites Anwendungsspektrum verfügen (z.B. Moderationsmethoden, Entscheidungsfindungsmethoden).

Die Breite des möglichen Wirkungsgrades von Kompetenzen leitet über zu einer anderen Aufteilung von Kompetenzen, die in Spezial- und Schlüsselkompetenzen. Bei den Spezialkompetenzen gilt in etwa das, was schon zu den Fachkompetenzen gesagt worden ist. Unter Schlüsselkompetenzen versteht die EU in einer jüngst verabschiedeten Empfehlung: „Schlüsselkompetenzen sind diejenigen Kompetenzen, die alle Menschen für ihre persönliche Entfaltung, soziale Integration, aktive Bürgerschaft und Beschäftigung benötigen" (Europäisches Parlament/Rat 2006, S. 13).

Die EU postuliert, dass der Kanon von Schlüsselkompetenzen schon am Ende der Grund(aus)bildung entwickelt sein sollte. Insgesamt werden acht Schlüsselkompetenzen aufgeführt.

1. muttersprachliche Kompetenz,
2. fremdsprachliche Kompetenz,
3. mathematische Kompetenz und grundlegende naturwissenschaftlich-technische Kompetenz,
4. Computerkompetenz,
5. Lernkompetenz,
6. soziale Kompetenz und Bürgerkompetenz,
7. Eigeninitiative und unternehmerische Kompetenz,
8. Kulturbewusstsein und kulturelle Ausdrucksfähigkeit (vgl. ebd.).

Es wird eingeräumt, dass diese acht Kompetenzbereiche sich zum Teil überschneiden und nicht trennscharf abgegrenzt werden können. Immer wieder tauchen bei den Definitionen und Erörterungen einige zentrale Begriffe auf, die als grundlegende Haltung vermittelt werden sollen: kritisches Denken, Kreativität, Initiative, Problemlösung, Risikobewertung, Entscheidungsfindung und konstruktiver Umgang mit Gefühlen (vgl. ebd., S. 14).

Hinzuweisen ist darauf, dass die Benennung von Schlüsselkompetenzen schon in den 1970er Jahren Eingang in die Berufsbildungsdiskussion gefunden hat. Damals führte Dieter Mertens (1974) den Begriff „Schlüsselqualifikationen" ein, um den Blick auf solche Kenntnisse und Fähigkeiten – heute würden wir Kompetenzen sagen – zu lenken, die jenseits fachlicher Spezialisierung zum Einsatz kommen. Er unterscheidet

o Basisqualifikationen,
o Horizontalqualifikationen,
o Breitenelemente und
o Vintage-Faktoren.

Als *Basisqualifikationen* werden bei Mertens Fähigkeiten zusammengefasst, die einen „vertikalen Anwendungstransfer auf die speziellen Anforderungen in Beruf und Gesellschaft" (ebd., S. 41) erlauben. Als Beispiele führt er u.a. logisches und dispositives Denken, kooperatives und kreatives Vorgehen sowie – der Zeit voraus – Lernfähigkeit an. Es handelt sich um die geläufigen Bildungsziele, die auch noch heute große Aktualität besitzen.

Bei den *Horizontalqualifikationen* handelt es sich um solche, die den Menschen eine Erweiterung ihres gegenwärtigen Wissensstandes ermöglichen („horizonterweiternde Qualifikationen"). Es geht um die Gewinnung, das Verständnis und die Verarbeitung von Informationen. Praktisch sind damit beispielsweise Fähigkeiten wie die Nutzung von Bibliotheken und Internet oder Texterschließungstechniken gemeint (vgl. ebd., S. 41f.).

Bei den *Breitenelementen* handelt es sich um solche speziellen Kenntnisse und Fertigkeiten, „die über breite Felder der Tätigkeitslandschaft nachweislich als praktische Anforderung am Arbeitsplatz auftreten" (ebd., S. 42). Die Identifikation von Breitenelementen ist also eine empirisch-analytische Aufgabe. So kennzeichnet Mertens Messtechnik, Arbeitsschutz und Maschinenwartung als Breitenelemente, weil sie in rund der Hälfte der damaligen Ausbildungsberufe eine Rolle spielen. Heute hätten vielleicht die Kenntnis von Tabellenkalkulationsprogrammen oder Datenbanksoftware einen ähnlichen Stellenwert.

Bei den *Vintage-Faktoren* handelt es sich um intergenerative Bildungsdifferenzen, die durch Weiterbildungsmaßnahmen aller Art überbrückt werden können. Mitte der 1970er Jahre verweist Mertens zum Beispiel auf die Mengenlehre und Englisch, die Gegenstände des aktuellen Schulunterrichts, aber nicht des früheren gewesen seien (vgl.

ebd., S. 42). Heute wären vermutlich Computerkenntnisse oder das Handhabungswissen von Mobiltelefonen in diesem Zusammenhang zu erwähnen.

Dieser Rückgriff auf den Ansatz macht noch einmal den fundamentalen Begriffswandel deutlich, zeigt aber auch, dass die inhaltliche Substanz der Kompetenzdefinition keineswegs auf aktuellen Erkenntnissen beruht.

ZUR REFLEXION

- Halten Sie die von der EU formulierten Schlüsselkompetenzen für ausreichend, um in der heutigen Gesellschaft bestehen zu können?

- Was leistet der Kompetenzbegriff Neues im Vergleich zu den Begriffen „Bildung" und „Qualifikation"?

- Was unterscheidet Dispositionen von Motivationen?

- Versuchen Sie, anhand selbst gewählter Beispiele den Unterschied von Kompetenzen und Fähigkeiten herauszuarbeiten.

- Erarbeiten Sie sich aus der Literatur eine Liste von Kompetenzdefinitionen und vergleichen Sie diese.

- Vergleichen Sie die Liste der EU-Schlüsselkompetenzen mit dem Fächerkanon an Ihrer zuletzt besuchten Schule.

📖 Lesetipp

Report. Literatur- und Forschungsreport Weiterbildung (2002): Kompetenzentwicklung statt Bildungsziele? H. 49

3. Kompetenzgenese

Ein Betrieb, der eine Stelle neu zu besetzen hat, wird extern oder intern nach Perso-nen Ausschau halten, deren (vermutetes) Leistungsprofil möglichst gut zum gegebenen Anforderungsprofil passt. Dabei werden die Personalverantwortlichen vermutlich auf drei Komplexe achten, deren jeweilige Ausformung ihre Entscheidung maßgeblich be-einflussen dürfte:

1. Über welche formalen Qualifikationen verfügen die Kandidat/inn/en? Welche in-haltlichen Stärken und Schwächen werden durch Zeugnisse, Noten, Facharbeiten u.Ä. ausgewiesen? Welche Bildungseinrichtungen/Ausbildungseinrichtungen haben sie besucht?

2. Über welches Wissen bzw. über welche Fertigkeiten und Fähigkeiten verfügen die Bewerber/innen tatsächlich im Kontext einer stellenrelevanten Anforderungssitua-tion? Auf welche Berufserfahrungen können die Bewerber/innen zurückgreifen?

3. Wie wird die Persönlichkeit der potenziellen Stelleninhaber/innen eingeschätzt? Welche Werte und Haltungen sind für diese prägend?

Das Leistungsprofil eines Menschen lässt sich – grob vereinfacht – in diese drei Kompo-nenten zerlegen: Qualifikationen, tatsächliche Kenntnisse und Fertigkeiten sowie Dis-positionen. Alle drei Komponenten sind – wie schon einleitend ausgeführt – im Kom-petenzbegriff verknüpft. Im nächsten Schritt ist zu fragen, wie es zu den jeweiligen Ausprägungen des Leistungsprofils kommt. Sieht man von genetischen Aspekten ab, lassen sich fünf Aneignungsweisen (vgl. Abb. 3) unterscheiden:

1. die Sozialisation, die vor allem familiär und familiennah abläuft, aber auch wich-tige Ausprägungen in der Peer-Group, in der Schule und im Vereinsleben erfährt, und vor allem die Dispositionen, Werte und Haltungen beeinflusst;

2. das formale Lernen, das vor allem darauf gerichtet ist, Abschlüsse zu erwerben, die Berechtigungen im Bildungs- und Beschäftigungssystem verleihen;

3. das nicht-formale Lernen, das zum großen Teil Kenntnisse und Fähigkeiten vermit-telt, die unmittelbar im Berufs- und Privatleben „verwertet" werden können, und zum kleineren Teil auch Berechtigungen vergibt (z.B. Führerschein);

4. das informelle Lernen, bei dem es sich um das intentionale Aneignen von Kennt-nissen und Fähigkeiten außerhalb (fremd-)organisierter Kontexte handelt (z.B. das Lernen durch Eltern, Freunde, Kollegen sowie das selbstgesteuerte/autodidaktische Lernen);

5. das Lernen „en passant", worunter das beiläufige, nicht-intentionale und häufig unbewusste „Aufnehmen" von Kenntnissen und Fertigkeiten verstanden wird.

Es ist zu betonen, dass es sich um analytische Kategorien handelt, die sich wechselseitig überlappen und nicht immer trennscharf zu isolieren sind.

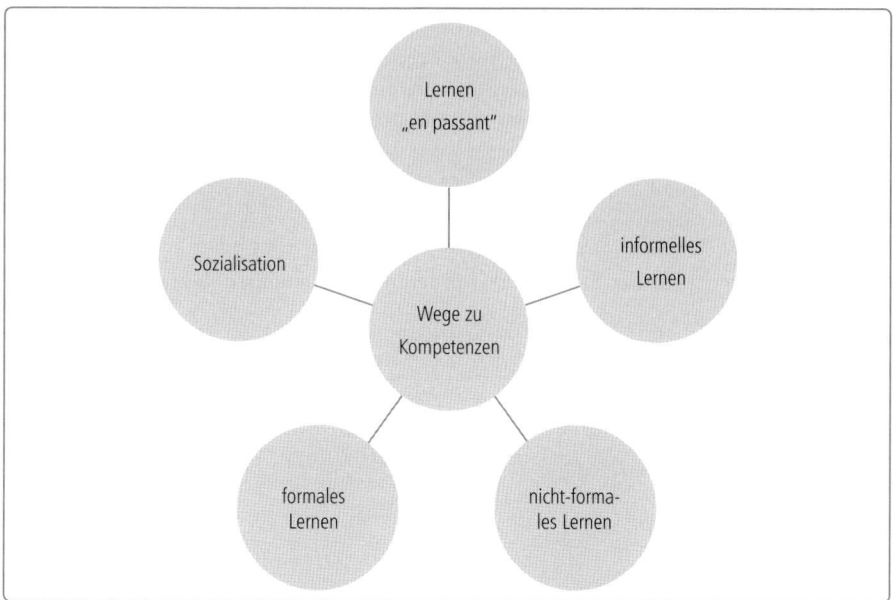

Abbildung 3: Aneignungswege für Kompetenzen

Aus intensiver Forschung schon in den 1960er und 1970er Jahren ist bekannt, dass die Wahrnehmung dieser unterschiedlichen *Lernwege* und der Grad des *Lernerfolgs* wesentlich von persönlichen und strukturellen Voraussetzungen abhängen. Zu nennen sind hier vor allem:

o   individuelle Merkmale wie Alter, Geschlecht, physischer Status;
o   familiäre Herkunft wie Status und Bildungsniveau der Eltern, Geschwisterzahl, Milieu;
o   regionale Herkunft wie Geburtsort, Wohnort, Schulort, Regionstyp.

Natürlich spielen auch die Rahmenbedingungen des Lernens wie zum Beispiel die Gestaltung des Lernorts oder die Art und Intensität der Lehre eine entscheidende Rolle. Die genauen Zusammenhänge, also die beteiligten Variablen und das zugrunde liegende Ursache-Wirkungsgefüge sind Gegenstand von theoretischen Überlegungen, die im weitesten Sinne als *Lerntheorien* bezeichnet werden können.

> **DEFINITION**
>
> **Theorie**
>
> Allgemein versteht man unter einer Theorie „eine Menge miteinander verknüpfter Aussagen, von denen sich eine nicht-leere Teilmenge auf empirisch prüfbare Zusammenhänge zwischen Variablen bezieht" (Diekmann 1995, S. 122). Zentrale Merkmale einer Theorie sind Grundannahmen (z.B. in Form von Definitionen der grundlegenden Begriffe oder in Form von zentralen Hypothesen über Zusammenhänge, die empirisch gar nicht oder nur schwer überprüfbar sind) und aus den Grundannahmen abgeleitete Hypothesen sowie Regeln zur Messung der Variablen (Messhypothesen) (vgl. ebd., S. 122f.).

Stark formalisierte (z.B. mathematisierte) Formen von Theorien lassen sich als theoretische Modelle bezeichnen. Ein theoretischer Rückbezug weist mehrere Vorteile auf. Das theoretische Modell

- lenkt den Blick auf relevante Variablen und dient damit als eine Art „Checkliste" zur Prüfung der Vollständigkeit;
- schärft den Blick für Zusammenhänge und Strukturen, kausale Beziehungen und Wechselbeziehungen werden deutlich;
- unterstützt die Betrachtung von Maßnahme-Wirkungszusammenhängen und legt somit die Grundlage für gezielte politische Eingriffe durch technologische Transformationen;
- liefert Anhaltspunkte für die Einschätzung von mehr oder weniger relevanten Variablen;
- kann als Basis für Auswertungsprozeduren herangezogen werden;
- ermöglicht eine systemische Sicht und verhindert damit isolierte Betrachtungen von wenigen Variablen.

Im Folgenden soll nun unter Rückgriff auf theoretische Überlegungen skizziert werden, wie mit unterschiedlichen Lernwegen/Aneignungsweisen Kompetenzen entstehen und welche Komponenten von Kompetenz jeweils im Mittelpunkt stehen.

3.1 Sozialisation

Bei der Sozialisation handelt es sich um einen elementaren Vorgang, der praktisch mit der Geburt beginnt und erst mit dem Tode endet. Genau wird darunter ein Prozess verstanden,

> durch den Individuen im Umgang mit anderen Individuen, Gruppen und Organisationen sozial handlungsfähig werden, indem sie Normen und Werte der Gesellschaft kennen-

lernen und teilweise verinnerlichen und zentrale Rollen (z.B. Geschlechts-, Alters- und Berufsrollen) spielen lernen (Feldmann 2006, S. 239).

Zur Erklärung des Sozialisationsvorgangs finden sich in der Literatur sehr unterschiedliche Ansätze (vgl. Feldmann 2006, S. 240ff.; Seger 1970, S. 72ff.). In der Psychoanalyse ist Sozialisierung die Unterdrückung der Triebstruktur des Kindes durch überformende Normierung (Durchsetzen des „Über-Ichs"). Der Soziologe Charles Cooley betont das spielerische Erproben von Grenzen und Möglichkeiten, mit dem das Kind seine Möglichkeiten auslotet und sich in den Wirkungen und Reaktionen der Umwelt wiedererkennt. George Herbert Mead, Talcott Parsons und George C. Homans stellen darauf ab, dass durch Belohnungsstrukturen bestimmte, nämlich die gesellschaftlich erwünschten Verhaltensweisen, positiv herausgehoben werden und dadurch ihre Wiederholung induziert wird (ausführlich dazu Opp 1972).

> Wenn eine Person sich zwischen alternativen Richtungen des Handelns zu entscheiden hat, wird sie diejenige Handlung wählen, bei der, soweit sie es wahrnehmen kann, der mathematische Wert $p \cdot v$ am größten ist. Dabei ist p die Wahrscheinlichkeit (probability), dass die Handlung eine bestimmte Belohnung einbringen wird, und v ist der Wert (value), den diese Belohnung für die Person hat (Homans 1969, S. 44).

Eine besonders wichtige Funktion wird der *primären Sozialisation* zugeschrieben, die gewöhnlich im Zusammenspiel zwischen Eltern und Kind erfolgt. Durch die Grenzziehungen und Zurechtweisungen der primären Bezugspersonen, aber auch durch deren Belobigungen und Ermunterungen werden dem Kind Normen vermittelt, die dann im weiteren Lebenslauf durch weitere *Sozialisationsinstanzen* (Peer-Group, Kindergarten, Schule etc.) verfeinert und ausgebaut werden (*sekundäre Sozialisation*).

Der Sozialisationsprozess beschränkt sich nicht auf die Vermittlung von Werten und Dispositionen, sondern liefert auch das kognitive und motorische Rüstzeug für die heranwachsende Persönlichkeit. Im Besonderen werden elementare Bewegungsabläufe und vor allem die Muttersprache erlernt. Mit dem Spracherwerb wiederum gelangen Denkstile, Ausdrucksformen und Bewertungen in das persönliche Repertoire des Heranwachsenden.

Viele dieser Prozesse erfolgen beiläufig, sind Teil des Tagesgeschehens, andere wiederum werden herausgehoben und sind Teil der *Erziehung*, verstanden als bewusstes und oft auch planmäßiges Handeln zur Verhaltensänderung und Verhaltenssteuerung von Menschen. So findet zum Beispiel der Spracherwerb des Kindes durch „Einhören", durch Imitieren und Erproben statt, aber auch durch bewusstes Vorsprechen der Eltern und eingefordertes Nachsprechen.

Die Phase der sekundären Sozialisation endet gewöhnlich mit dem Ende der Adoleszenz, also der letzten Phase der Jugendzeit, und hat dann eine relativ stabile Persönlichkeit ausgeprägt, die sich mehr oder weniger gut, mehr oder weniger auffällig, mehr oder weniger erfolgreich in der Gesellschaft und ihren Funktionsbereichen bewegt. Doch Sozialisationsprozesse setzen sich auch im Erwachsenenalter fort. Zu denken ist zum Beispiel an die Auswirkungen einer Ehe- bzw. Paarbeziehung, an die Aufnahme einer neuen Beschäftigung oder an den Eintritt in einen Sportverein, die allesamt das individuelle Werte- und Normengefüge verändern können.

Ein *gestörter oder verzögerter Sozialisationsprozess* speziell im Kindesalter hat massive Auswirkungen auf die Ausprägungen grundlegender Kompetenzen (z.B. die muttersprachliche Kompetenz) und beeinflusst auch den weiteren Kompetenzerwerb durch formales und nicht-formales Lernen erheblich. Die Chancen auf den Aufbau eines hohen Kompetenzpotenzials sind für Kinder mit gleichen physischen und psychischen Grundvoraussetzungen in Abhängigkeit vom Elternhaus, von den zentralen Bezugspersonen und von den Umgebungsbedingungen unterschiedlich. Der Besuch von Einrichtungen wie Kinderkrippen, Kindergärten oder Vorschule kann dazu beitragen, diese frühen Sozialisationsprozesse zu fördern und damit die Ausgangsbedingungen für viele Kinder zu verbessern.

3.2 Formales Lernen

Der Begriff „formales Lernen" (formal learning) entspricht dem europäischen Sprachgebrauch und umfasst alle Lernprozesse, die zu einem anerkannten Abschluss führen bzw. auf ihn vorbereiten (*Regelsystem*) (vgl. Bjørnåvold 2000, S. 204f.). Formales Lernen findet im institutionellen Rahmen (z.B. Schule, Universität) statt, in dem das Lernen durch professionelles Personal organisiert, gesteuert, bewertet und zertifiziert wird. Die vergebenen Zertifikate, Zeugnisse, Diplome u.Ä. werden staatlich anerkannt und verleihen im Regelfall Berechtigungen für den Einstieg in andere Bildungsgänge bzw. die Ausübung einer Berufstätigkeit. Die Teile des Bildungssystems sind aufeinander abgestimmt und hierarchisiert, womit bestimmte Bildungslaufbahnen vorgezeichnet sind.

Typische Beispiele für formale Lernprozesse sind der Besuch der Grundschule, der Besuch einer allgemeinbildenden weiterführenden Schule (Haupt- und Realschule oder Gymnasium), das Absolvieren einer Ausbildung im dualen System, der Besuch einer Fachschule oder das Studium an einer Universität. Es wird davon ausgegangen, dass der Eintritt in das formale System im Alter von fünf bis sieben Jahren beginnt und spätestens im Alter von 25 Jahren endet. Dieses Muster mag für die Mehrzahl der Menschen auch gelten, dennoch sind mannigfaltige Abweichungen bekannt: Viele Studierende sind älter als 25; Erwachsene holen einen Schulabschluss nach, den sie in der ersten Bildungsphase nicht erreicht haben (Zweiter Bildungsweg); Erwerbstätige schulen aus Gesundheitsgründen in einen anderen Beruf um, absolvieren also praktisch eine zweite Erstausbildung. Zudem gibt es in Deutschland auch geregelte Weiterbildungsgänge, die auf Abschlüssen der ersten Bildungsphase aufbauen und normalerweise nach Vollendung des 25. Lebensjahres abgeschlossen werden. Zu nennen sind in diesem Zusammenhang als geläufige Beispiele die Fortbildungen zum Meister/zur Meisterin, zum Fachwirt/zur Fachwirtin oder zum Techniker/zur Technikerin.

Das Lernen im formalen System ist im Regelfall in hohem Maße reglementiert: Die Lernenden werden mit Anforderungen konfrontiert, die von außen gesetzt sind. Die Lehrpersonen sind gehalten, von staatlicher Seite oder anderen berechtigten Stellen vorgegebene *Lernziele* zu erreichen, die zum Beispiel in Curricula, Ausbildungsordnungen oder Studienplänen festgelegt sind. Das Erreichen dieser Lernziele wird durch Prüfungen aller Art kontrolliert, wobei diese die Bildungslaufbahn begleiten und/oder am Ende eines Bildungsabschnitts/einer Bildungslaufbahn stattfinden können.

Lehre hat in diesem System eine herausgehobene Position. Sie dient der Vermittlung der gewünschten bzw. sogar vorgeschriebenen Kenntnisse und Fertigkeiten und hat darüber hinaus in weiten Teilen (z.B. Schule, duale Ausbildung) auch noch eine Erziehungsfunktion. Die Lehrenden sollen Haltungen und Werte ausprägen helfen, die gesellschaftlich als positiv eingeschätzt werden (Werteerziehung). Sehr zugespitzt und vereinfacht ausgedrückt, erzeugt Lehre Lernen und damit auch die Lernerfolge in Form von Kenntnissen, Fertigkeiten und Werten.

Hinzuweisen ist des Weiteren darauf, dass im Zusammenhang mit formalen Lernprozessen auch Sozialisationsprozesse, informelles Lernen und Lernen „en passant" stattfinden, die aufgrund der Dauer und Intensität formaler Lernprozesse im Regelfall nachhaltige Wirkungen erzielen. Zu einem Teil werden derartige Nebenwirkungen bewusst angestrebt: So ist es ein Ziel der dualen Ausbildung, dass die Jugendlichen in die Arbeitswirklichkeit „hineinsozialisiert" werden und sich die dort herrschenden Arbeitstugenden und Haltungen „einschleifen". Ein anderer Teil dieser Nebenwirkungen bleibt unbeabsichtigt und unkontrolliert, bleibt Teil der spezifischen Verarbeitung des Einzelnen. Im Übrigen ist schon im vorigen Jahrhundert dieser Effekt erkannt und als „heimlicher Lehrplan" thematisiert worden (vgl. Siebert 1996, S. 252ff.).

3.3 Nicht-formales Lernen

Beim nicht-formalen Lernen (non-formal learning) handelt es sich – wieder dem europäischen Sprachgebrauch folgend – um organisierte Bildungsprozesse *außerhalb des Regelsystems*. Der geforderte institutionelle Kontext beschränkt sich nicht nur auf Bildungseinrichtungen, sondern greift darüber hinaus (z.B. Betriebe, Vereine). Im Regelfall wird aber speziell ausgebildetes Personal zur Lehre eingesetzt. Nicht-formales Lernen wird von Personen aller Altersgruppen praktiziert und kann auch zu Abschlüssen führen. Die Dauer solcher Bildungsmaßnahmen ist durchschnittlich deutlich kürzer als bei solchen in formalen Systemen: Die Spannbreite reicht von wenigen Stunden bis zu Jahren. Von Ausnahmen abgesehen sind nicht-formale Lernprozesse nicht hierarchisiert (vgl. Gnahs u.a. 2002, S. 9).

BEISPIEL

Beispiele für nicht-formales Lernen finden sich vor allem im Weiterbildungsbereich: Der Englisch-Kurs an der Volkshochschule gehört genauso dazu wie der Fortbildungslehrgang in einem Bildungswerk der Wirtschaft. Einbezogen sind Vortragsabende von zwei bis drei Stunden und langfristige Lehrgänge von mehr als einem Jahr Dauer. Es gibt Anbieter mit einem breiten Angebotsspektrum wie Volkshochschulen oder Bildungseinrichtungen in kirchlicher Trägerschaft und Spezialanbieter wie Tanz-, Musik- oder Fahrschulen. Es gibt Einzel- oder Gruppenunterricht. Weiterbildung wird nicht nur von speziellen Weiterbildungseinrichtungen angeboten und durchgeführt, sondern auch in Nebenfunktion von Betrieben, Kammern, Verbänden und Vereinen. Angeboten werden auch Herstellerschulungen von Industrieunternehmen, die präventiven Rückenschulen der Krankenkassen, Veranstaltungen der politischen Bildung der Gewerkschaften, Trainerlehrgänge von Sportverbänden oder innerbetriebliche Maßnahmen zur Anpassung an geänderte Produktionsanforderungen.

Außerhalb der Weiterbildung ist vor allem auf die Aktivitäten der *außerschulischen Jugendbildung* hinzuweisen, die sich an Personen richtet, die gewöhnlich noch die erste Bildungsphase im Regelsystem absolvieren. Für die gleiche Zielgruppe existieren des Weiteren Bildungsmaßnahmen, die auf das formale System ausgerichtet sind, aber nicht zu ihm gehören. Als Beispiele können Nachhilfeunterricht oder Repetitorien gelten, bei denen gegen Bezahlung versucht wird, den Bildungsabschluss im formalen System zu erreichen oder zu optimieren.

Ein nicht unbeträchtlicher Teil der nicht-formalen Lernprozesse schließt mit einem Zertifikat ab. Diese Zertifikate verleihen zu einem Teil sogar Berechtigungen (wie der Führerschein, die Trainerlizenz etc.), zu einem anderen Teil sind es Dokumente mit einer mehr oder weniger stark ausgeprägten Verkehrsgeltung, die als Additiv zum Beispiel bei Bewerbungen sinnvoll genutzt werden können. Zu betonen ist auch, dass es durchaus Überschneidungs- und Grenzbereiche zum formalen Lernen gibt, so dass nicht immer eine eindeutige Zuordnung vorgenommen werden kann.

Anders als beim formalen Lernen, das häufig den Charakter einer Pflicht oder Notwendigkeit aufweist, wird die Teilnahme an nicht-formalen Lernprozessen, die im Regelfall freiwillig erfolgt, von den Interessen und Motiven der Lernenden geleitet. Sie wollen Wissen oder Fertigkeiten erwerben, weil diese zur Verbesserung ihrer beruflichen oder privaten Lebenssituation hilfreich sind. Sie wollen ihr Kompetenzpotenzial ausbauen, um handlungsfähiger zu werden.

3.4 Informelles Lernen

Informelles Lernen (informal learning) ist genauso intentional wie das Lernen in formalen oder nicht-formalen Kontexten: Die Lernenden wissen, dass sie lernen, sie haben konkrete Lernabsichten und können die Lernhandlung von anderen Aktivitäten abgrenzen. Der Unterschied liegt vor allem im *Grad der Organisiertheit*. Informelles Lernen erfolgt bewusst im Alltagsleben. Es ist in der Regel nicht in einem speziellen für Lernzwecke reservierten Rahmen eingebettet und wird nicht durch professionelles Lehrpersonal angeleitet oder begleitet. Es ist eingebettet in *Alltagsvollzüge* am Arbeitsplatz, in der Familie oder im sozialen Umfeld. Es ist in hohem Maße selbstgesteuert und zielt nicht vorrangig auf das Erreichen von Abschlüssen oder Zertifikaten.

BEISPIEL

Informelles Lernen liegt zum Beispiel vor, wenn Eltern ihren Kindern das Schwimmen „beibringen", wenn der eine Kollege dem anderen ein neues Softwareprogramm erklärt, wenn die eine Freundin der anderen zeigt, wie der Videorecorder programmiert wird. Es gibt zwar Instruierende, Unterrichtende und Unterweisende, doch diese Personen handeln nicht als professionelles Lehrpersonal, sondern als Privatpersonen. Die jeweilige Zuordnung ist häufig schwierig und nicht frei von Widersprüchen und Willkürlichkeit, wie das folgende Beispiel zeigt: Eine Lehrerin, die ihre Tochter in der Schule unterrichtet, lehrt in formalen Kontexten; wenn sie gegen Bezahlung anderen Kindern Nachhilfeunterricht gibt, bewegt sie sich im nicht-formalen Kontext; wenn sie ihrer eigenen Tochter Nachhilfe gibt, handelt es sich um informelles Lernen.

Informelles Lernen findet auch statt, wenn sich Personen *autodidaktisch* in ein neues Gebiet einarbeiten und dabei Kenntnisse und Fertigkeiten erwerben. Sie benutzen dabei natürlich Bücher und Zeitschriften, Informationen aus dem Internet und Lernsoftware, also Materialien, die von dritten Personen mehr oder weniger didaktisiert worden sind. Doch erst dann, wenn eine Fachperson als Tutor/in oder Betreuer/in steuernd in diesen Prozess eingreift, wird das Feld des informellen Lernens verlassen.

Welch große Bedeutung diese Form des Lernens für Erwachsene hat, zeigte erstmals der Kanadier Allen Tough (1971), der Ende der 1960er Jahre durch eine Befragung von 66 Personen Lernanlässen und Lernstrategien nachspürte. Eine zentrale Kategorie seiner Untersuchung ist die des *Lernprojekts*. Menschen reagieren auf lebensgeschichtlich bedeutsame Ereignisse (z.B. Geburt eines Kindes, Hausbau, schwere Krankheit, Reise,

Umzug) mit Lernanstrengungen, die projektförmigen Charakter annehmen. Dabei werden alle Ressourcen mobilisiert: autodidaktisches Lernen unter Nutzung aller Medien, die Konsultation von Freunden, Verwandten und Kollegen, der Besuch von Informations- und Bildungsveranstaltungen. Die Untersuchung ergab, dass immerhin ca. 700 Stunden pro Jahr für derartige Lernprojekte aufgewendet werden und dass 73 Prozent des Zeitvolumens für selbstgesteuertes Lernen genutzt wird (vgl. Reischmann 1997, S. 125ff.).

3.5 Lernen „en passant"

Das Lernen „en passant", auch *implizites Lernen* genannt, wird definiert als nicht-intentionales, unbewusstes und nicht verbalisierbares Lernen. Es entwickelt sich in Handlungs- und Lebenszusammenhängen, bei denen es nicht primär auf den Kompetenzzuwachs ankommt, sondern auf das situative Agieren und Reagieren, auf das Erreichen bestimmter Ziele und das Lösen akuter Probleme (vgl. Dohmen 2001, S. 34). Den handelnden Personen ist nicht bewusst, dass sie lernen, sie können den impliziten Lernvorgang auch nachträglich nur schwer periodisch zuordnen bzw. überhaupt identifizieren. Damit liegt das Lernen „en passant" nahe am Sozialisationsbegriff und überschneidet sich teilweise auch mit ihm.

BEISPIEL

Das Betätigen eines Fahrkartenautomaten in einer fremden Stadt, das zufällige Aufschnappen einer Information in einer Fernsehsendung, das Vervollkommnen einer Fertigkeit durch kontinuierliches Tun oder die im Smalltalk erhaltene Kenntnis über einen Sachverhalt tragen allesamt dazu bei, dass das Kompetenzpotenzial wächst. Derartige Prozesse finden fast unu nterbrochen statt und sind Beleg dafür, dass Menschen ein Leben lang lernen.

Da das Lernen „en passant" in alle Lebensbereiche hineinragt, somit also auch die intentionalen Lernvorgänge berührt, wird es im Einzelfall sehr schwierig sein, die vorhandenen Kompetenzen bzw. die registrierbaren Kenntnisse, Fertigkeiten und Dispositionen auf ihre Quelle hin zurückzuverfolgen. Von daher ist eine Angabe wie der von Tough (vgl. Tough 1978, S. 252) und Reischmann (vgl. Reischmann 1997, S. 125ff.) genannte und immer wieder zitierte 73-Prozent-Anteil selbstgeplanten Lernens auch nur mit Vorsicht zu interpretieren. Nicht zu bestreiten ist auf der anderen Seite, dass es beiläufiges Lernen gibt und dass es auch quantitativ bedeutsam ist.

Dieses Lernen ist unsystematisch und unstrukturiert oder – positiv ausgedrückt – ganzheitlich und komplex. Es ermöglicht häufig besser das Erfassen von differenzierten und schwer durchschaubaren Strukturen als der Rückgriff auf versagende Regeln und ungeeignete Begriffe (vgl. Dohmen 2001, S. 35). Verwiesen wird damit natürlich auch auf das „Undefinierbare", auf das, was „alte Hasen" mit Fingerspitzengefühl, Bauchentscheidung oder Instinkt bezeichnen, also eine offenbar wirksame, nicht beschreibbare Handlungskompetenz, die über Erfahrungen quasi natürlich generiert wird.

Die didaktische Konsequenz eines solchen Ansatzes ist, dass sich Personen dadurch fördern lassen, dass sie fordernden Situationen ausgesetzt werden, Situationen, in denen sie sich bewähren können. Solche Überlegungen stehen Pate, wenn Betriebe junge Mitarbeiterinnen und Mitarbeiter (high potentials) ins Ausland schicken, Universitäten ein Auslandssemester empfehlen, Schülerinnen und Schüler ein Jahr bei Gasteltern im Ausland verbringen oder Manager schwierige Bergwanderungen oder Wildwasserfahrten überstehen müssen.

3.6 Lerntheoretische Zugänge

Nachdem in den vorangegangenen Abschnitten die möglichen Wege zur Kompetenzaneignung beschrieben worden sind, soll im Folgenden verdeutlicht werden, wie Kompetenzen entstehen und welche Bedingungen ursächlich für Lernen bzw. Lernerfolg sind. Dazu wird auf Lerntheorien zurückgegriffen, die in unterschiedlichen wissenschaftlichen Kontexten entstanden sind und je spezielle Erklärungszugänge zum Thema eröffnen.

Schon in einigen der oben erwähnten Sozialisationstheorien sind Argumentationslinien sichtbar geworden, die sich einer auf Verhalten bezogenen Denkrichtung zuordnen lassen: dem *Behaviorismus*. Behavioristische Lerntheorien sehen Lernen als Verhaltensänderung in Folge eines äußeren Reizes (Reiz-Reaktions-Lernen, Stimulus-Response-Lernen). Nach Bower/Hilgard ist Lernen „Veränderung von Verhalten oder im Verhaltenspotenzial eines Organismus in einer bestimmten Situation, die auf wiederholte Erfahrungen des Organismus in dieser Situation zurückgeht" (1984, S. 31; vgl. auch Edelmann 1993, S. 60ff.). Lernen ist danach außengesteuert, erzeugbar, reduziert auf empirisch nachweisbare Verhaltensänderung, bei Tieren und Menschen vergleichbar.

DEFINITION

Lernen

Nach Tausch/Tausch (1970) führen bestimmte Arten des Erzieherverhaltens beim Individuum zu Lernvorgängen und somit zu dauerhaften Verhaltensänderungen: „Unter Lernen ist dabei zu verstehen, dass psychologische Prozesse bei einem neuen Vollzug durch in der Zwischenzeit abgelaufene Vorgänge (Erfahrungen) geändert (verbessert, beschleunigt oder auch verschlechtert) werden" (S. 47).

Vier Arten von Lernvorgängen lassen sich unterscheiden:
o   Beobachtungslernen,
o   Bekräftigungslernen,
o   Extinktion (Verlernen),
o   Gegenkonditionierungslernen.

Was Tausch/Tausch unter diesen Begriffen genau verstehen, wird im Folgenden ausgeführt:

> Unter Beobachtungslernen (…) ist zu verstehen, dass sich das Verhalten eines Individu-
> ums aufgrund der Wahrnehmung von Verhaltensweisen anderer Personen (sog. Modelle)
> oder aufgrund verbaler Darstellungen über das Verhalten anderer Personen ändert, und
> zwar in Richtung größerer Ähnlichkeit mit dem beobachteten oder aufgrund verbaler
> Übermittlung vorgestellten Verhaltens (ebd., S. 49).

Dieses Lernmuster ist in Unterrichtsprozessen weitverbreitete Praxis: Der Lehrende
zeigt, wie etwas zu tun ist (z.B. das Ansetzen der Feile für den Feinschliff, die Aussprache eines französischen Wortes wie „vieille", das Singen eines Liedes, die Technik des
Kugelstoßens), und die Schülerinnen und Schüler imitieren dieses Verhalten bzw. versuchen es übend zu wiederholen. Dieses Schema des Vormachens und Nachmachens hat
eine sehr lange Tradition, die bis in die Antike zurückreicht.

> Unter Bekräftigungslernen ist folgender Vorgang zu verstehen: Wird eine Verhaltens-
> weise eines Individuums von einem angenehmen Zustand (angenehmen Reiz) begleitet
> oder gefolgt (verstärkt, bekräftigt, bestätigt), so tritt diese mit hoher Wahrscheinlichkeit
> in Zukunft häufiger bzw. mit größerer Intensität auf (ebd., S. 74).

Belohnungen können vielfältige Formen aufweisen: Sie reichen von verbalen Belobigungen bis hin zu materiellen Vergünstigungen. Im Bildungsbetrieb sind neben den
Lehrerfeedbacks vor allem Zensuren und Zertifikate Instrumente, die bekräftigend und
motivierend auf das Verhalten der Lernenden einwirken.

> Soziales, intellektuelles und emotionales Verhalten, das von einem fehlenden oder unbe-
> friedigenden Effekt begleitet oder gefolgt ist (negative Konsequenzen), wird in Zukunft
> seltener realisiert (extinguiert, ausgelöscht, geschwächt) (ebd., S. 107).

Dieses Verlernen oder auch *Extinktion* genannte Lernmuster ist im Prinzip die Umkeh-
rung des Bekräftigungslernens: „Falsche" Verhaltensweisen (z.B. ein suboptimaler Be-
wegungsablauf beim Weitsprung, die falsche Aussprache eines Wortes, unsoziales Verhalten) werden über Tadel, schlechte Noten, Nichtbeachtung etc. negativ sanktioniert.

Werden bei einer Person, die sich stark angst- und furchterregende Gegenstände oder Personen vorstellt oder sie erlebt, zugleich Reaktionen der Entspannung, emotionalen Ruhe o.ä., die mit diesen furchterregenden Reaktionen unvereinbar sind, ausgelöst, so wird die Angst vermindert bzw. eliminiert (ebd., S. 112).

Dieses auch *Gegenkonditionierung* genannte Lernmuster wird in der Unterrichtspraxis vergleichsweise seltener eingesetzt als die drei zuerst vorgestellten, spielt aber in der Verhaltenstherapie zum Beispiel bei der Behandlung von Phobien (Flug- oder Höhenangst etc.) eine zentrale Rolle. Gegenkonditionierung als Lehrstrategie dürfte eher ein Ausnahmefall bleiben (z.B. im Schwimmunterricht), ist aber als prinzipielle Möglichkeit hier zu erwähnen.

Die behavioristisch orientierten Lerntheorien und die damit verbundene starke Akzentuierung der Lehre sind in den letzten Jahrzehnten einer starken Kritik unterzogen worden. Im Besonderen die von Holzkamp als Lehr-Lern-Kurzschluss kritisierte Gleichsetzung von Lehren und Lernen (vgl. Holzkamp 1995, S. 391) ist heute wissenschaftlich nicht mehr anschlussfähig. Das Vordringen *konstruktivistischer Zugänge* zur Erklärung von Lernen hat dazu geführt, dass Lehre allenfalls als Anreger von Lernprozessen gesehen wird, keinesfalls aber als Erzeuger von Kenntnissen und Fertigkeiten (vgl. Arnold/ Siebert 1995; Siebert 1999; Reinmann-Rothmeier/Mandl 1997). Unbestritten ist aber auch, dass Lehre einen wichtigen Beitrag zum Anschub von Lernprozessen leisten kann. Sie ist nach wie vor das zentrale Vermittlungsinstrument in formalen Lernprozessen.

Lernen in konstruktivistischer Sicht ist Wirklichkeitskonstruktion, Weltanschauung und Erzeugung eines Weltbildes, nicht Erfassung oder Abbildung der Realität. Dieses Weltbild besteht aus Erinnerungen und Erfahrungen, aus unseren Begriffs- und Wissensnetzen sowie aus Sichtweisen und Denkstilen (vgl. Siebert 1999, S. 24).

> Lernen ist ein aktiv konstruktiver Prozess, der stets in einem bestimmten Kontext und damit situativ (...) sowie multidimensional und systemisch erfolgt. Die Ergebnisse des Lernens sind infolge individueller und situationsspezifischer Konstruktionsvorgänge nicht vorhersagbar (Reinmann-Rothmeier/Mandl 1997, S. 366).

Es lassen sich drei Typen konstruktivistischen Lernens unterscheiden (vgl. Siebert 1999, S. 24):

1. Menschen konstruieren ständig neue Wirklichkeiten, sie eignen sich neue Wissensbestände an, schreiben ihnen Bedeutungen zu, besetzen sie affektiv, prüfen ihre Viabilität im Sinne von Brauchbarkeit und Lebensdienlichkeit (*Lernen als Konstruktion*).
2. Menschen greifen bei ihren Wirklichkeitskonstruktionen auf kulturelle Traditionen, religiöse Überzeugungen, wissenschaftliche Erkenntnisse sowie milieuspezifi-

sche Deutungsmuster zurück. Diese kollektiven Erfahrungen werden biographisch synthetisiert und neu gedeutet (*Lernen als Rekonstruktion*).

3. Verfestigte Überzeugungen, Dogmen, Wahrheitsansprüche, Gewissheiten werden infrage gestellt (konstruktivistisch ausgedrückt: perturbiert), auch die eigene Identität wird immer wieder neu definiert durch andere Sichtweisen, andere Blickwinkel, andere Beobachterpositionen (*Lernen als Dekonstruktion*).

Menschen werden in der konstruktivistischen Lerntheorie als *autopoietische Systeme* angesehen, die immer im Sinne der eigenen Struktur reagieren. Menschen sind somit lernfähig, aber nicht belehrbar (vgl. Siebert 1996, S. 23). Für das Lernen sind Lehrende dennoch nicht entbehrlich:

> Der Lehrende hat die Aufgabe, Problemsituationen und „Werkzeuge" zur Problembe-
> arbeitung zur Verfügung zu stellen und bei Bedarf auf Bedürfnisse der Lernenden zu
> reagieren (...); er ist Berater und Mitgestalter von Lernprozessen (Reinmann-Rothmeier/
> Mandl 1997, S. 366).

Was genau damit gemeint sein kann, veranschaulicht Siebert (1999, S. 41f.) wie folgt:
o Lehrende gestalten anregende Lernumgebungen.
o Sie ermöglichen den Wechsel der Beobachterperspektive.
o Sie stellen Lernmaterialien für unterschiedliche Lernkanäle bereit.
o Sie schaffen soziale Situationen, in denen von- und miteinander gelernt wird.
o Sie animieren zu Beobachtungen zweiter Ordnung (Metakognition) und ermöglichen den Lernenden so Einblicke in ihre eigenen Wirklichkeitskonstruktionen und Lerninhaltsdefinitionen.
o Sie lenken die Aufmerksamkeit auf Vergessenes und Vernachlässigtes.
o Sie motivieren und begeistern durch die Art und Weise, wie sie ein Thema darbieten.

Es findet somit ein Wandel von der Erzeugungsdidaktik behavioristischer Prägung hin zu einer *Ermöglichungsdidaktik* statt (vgl. Arnold/Krämer-Stürzl/Siebert 1999, S. 76). Sie betont in ihren Prinzipien und Handlungsmodellen die Hinwendung zum Lernenden, das Aktivierende und Spielerische, das Herstellen von Anschlussfähigkeit und Handlungsrelevanz (vgl. Siebert 1996, S. 97ff.).

Besonders nicht-formales Lernen liefert vielfach auch die Freiräume, die für eine ermöglichende Didaktik zur Verfügung stehen müssen. Die starke Resonanz auf die Angebote der Weiterbildung und der außerschulischen Bildung mögen als Beleg dafür dienen, dass die angebotenen Lehr-/Lernarrangements bedürfnisgerecht, effektiv und effizient sind.

Die oben erwähnte Anbindung von Lernprojekten an biographische Ereignisse lenkt den Blick auch auf einen besonderen lerntheoretischen Zusammenhang: die Rolle der *Emotionen*. Viele dieser Lernprojekte haben einen eindeutigen emotionalen Akzent: So sind mit dem Erlernen von Pflegetechniken und grundlegenden medizinischen Kenntnissen im Regelfall Sorgen und Ängste um die Gesundheit eines nahen Angehörigen verbunden oder mit dem Erlernen einer fremden Sprache die Freude und positive Erwartung im Zusammenhang mit einer geplanten Reise.

Es ist vergleichsweise weit akzeptiert, dass Emotionen den Lernantrieb liefern, die Motivation zum Lernen und zum Durchhalten des Lernprozesses. Im Besonderen der Schweizer Luc Ciompi hat darauf verwiesen, dass auch die Kognition starke emotionale Kopplungen aufweist (vgl. Ciompi 1997, 2006), ein Befund, der auch durch neuere neurowissenschaftliche Erkenntnisse untermauert wird (vgl. Siebert/Roth 2003, S. 15; Roth 2003; Siebert 2003; Scheich 2006; Illeris 2006). Siebert (1999, S. 29f.) destilliert die Quintessenz der Überlegungen von Ciompi aus sechs Zitaten des Autors:

o   „Affekte sind die entscheidenden Energielieferanten oder ‚Motoren' und ‚Motivatoren' aller kognitiven Dynamik" (Ciompi 1997, S. 95).

o   „Affekte bestimmen andauernd den Fokus der Aufmerksamkeit" (ebd.).

o   „Affekte wirken wie Schleusen oder Pforten, die den Zugang zu unterschiedlichen Gedächtnisspeichern öffnen oder schließen" (ebd., S. 97).

o   „Affekte schaffen Kontinuität; sie wirken auf kognitive Elemente wie ein ‚Leim' oder ‚Bindegewebe' " (ebd., S. 98).

o   „Affekte bestimmen die Hierarchie unserer Denkinhalte" (ebd.).

o   „Affekte sind eminent wichtige Komplexitätsreduktoren"[3] (ebd., S. 99).

Die Berücksichtigung von Emotionen bzw. Affekten ergänzt sowohl die behavioristisch als auch die kognitivistisch gefärbten Lerntheorien. Dieser Faktor erklärt zum Beispiel, dass Fußballfans lange zurückliegende Ereignisse genau erinnern oder dass Eltern Grundkenntnisse und -fertigkeiten der Babypflege vergleichsweise schnell erlernen.

Die Rolle des Wissens beim Erwerb geistiger Kompetenzen betont dagegen die *kognitionspsychologische Perspektive*. Wissen wird dort als Schlüssel zum Können angesehen: „Entscheidend für den Lernerfolg ist das bereits vorliegende Wissen. Lernen besteht grundsätzlich in der Anknüpfung an und Fortführung von bestehendem Wissen" (Stern 2006, S. 94). Wissen wird dabei nicht auf Faktenwissen begrenzt, sondern umfassend verstanden: Eingeschlossen sind auch Handlungswissen, konzeptuelles Wissen und Wissen über visuelle Muster (vgl. ebd.).

Bereichsspezifisches Wissen (z.B. Geographiekenntnisse, Computerkenntnisse) dient als Mittel zur Strukturierung, liefert Zuordnungshilfen und Assoziationen, um konkrete Handlungssituationen bewältigen zu können; es wird als Grundlage mensch-

---

3   Damit ist gemeint, dass Emotionen dazu beitragen, die Welt einfacher zu sehen, indem z.B. Personen oder Gruppen einseitig glorifiziert oder verdammt werden („Freund-Feind-Schema"). Es unterbleiben dann die differenzierten Blicke, die Betrachtung mit den Augen des oder der anderen.

licher Kognition betrachtet (vgl. ebd., S. 98). Vorwissen erleichtert bzw. ermöglicht häufig erst das „Andocken" von neuem Wissen und damit Lernen. Auch der Lerntransfer, also das Übertragen von bekannten Lösungsstrategien auf neue Sachverhalte, basiert auf bereichspezifischem Wissen (vgl. ebd.).

Einen gänzlich anderen Akzent setzt Holzkamp (1995) mit seiner *subjektwissenschaftlichen Begründung* des Lernens (vgl. Faulstich/Ludwig 2004; Schüßler/Thurnes 2005, S. 39ff.). Sie ist eine Antwort auf die schon oben deutlich gewordene Kritik an der Lehre in institutionalisierter Form, die er von vornherein als „kontaminiert" ansieht (vgl. Holzkamp 1995, S. 423). Sein Gegenmodell ist das expansive Lernen, das am Subjekt anknüpft und mit dem Ziel erfolgt, den individuellen Handlungsspielraum zu erweitern.

Lernanlass sind danach Handlungsprobleme, die mit dem vorhandenen Potenzial an Lösungsstrategien nicht bewältigt werden können, deren Lösung aber im *Interesse* des Individuums liegt: Das Lernen erfolgt selbstbestimmt. „Expansives Lernen erfordert Kontrolle über Intentionalität, Thematik und Methodik des eigenen Lernens" (Faulstich 2002, S. 71) und dies wiederum macht erforderlich, „Arbeitsbedingungen und Kommunikationsformen zu schaffen, innerhalb derer die wirklichen Lerninteressen der Betroffenen systematisch geäußert und berücksichtigt werden können" (Holzkamp 1995, S. 24).

Der Ansatz von Holzkamp knüpft an den oben entfalteten Bildungsbegriff an, indem er die autonome, selbstbestimmte und mündige Persönlichkeit als Ausgangsfolie benutzt und damit das „Was" und „Wie" des Lernens koppelt. Deutlich wird bei ihm allerdings auch, dass der Lernerfolg maßgeblich davon abhängt, ob das zu Lernende anschlussfähig ist an die eigene Biographie und die persönlichen Interessen. Dies öffnet wiederum Verbindungslinien zu konstruktivistischen Auffassungen und lässt auch die Bedeutsamkeit von Emotionen beim Lernen durchscheinen.

Der zuletzt vorgenommene Querverweis macht deutlich, dass die lerntheoretischen Ansätze bei aller Unterschiedlichkeit auch Gemeinsamkeiten aufweisen. Bei vergleichender Betrachtung lassen sich auch für alle Erklärungsmuster zutreffende Beispiele finden, was als Indiz dafür gewertet werden kann, dass ein *integratives Konzept* fruchtbar für die Erklärung von Lernen und Lernerfolg sein könnte. Es soll nun im letzten Abschnitt zumindest versucht werden, die Faktoren zu benennen, die sich auf das Lernen förderlich auswirken können.

3.7 Bedingende Faktoren des Kompetenzerwerbs

Jeder Mensch lernt auf sehr spezielle Weise, indem er seine *Sinne* einsetzt, um seine Umwelt wahrzunehmen, Erfahrungen zu machen und zu verarbeiten, um zu erkennen und Schlüsse zu ziehen: beobachten, tasten/berühren, schmecken, riechen, denken, fühlen. Im Regelfall sind Lernaktivitäten Kombinationen dieser basalen Tätigkeiten. Es lassen sich bestimmte *Grundformen* unterscheiden: dem Unterricht folgen, Medien nutzen, Rat einholen, Üben, Gruppenarbeit etc. Schließlich werden diese Grundformen zu Bildungsgängen, Veranstaltungen und Lernprojekten gebündelt (vgl. Abb. 4).

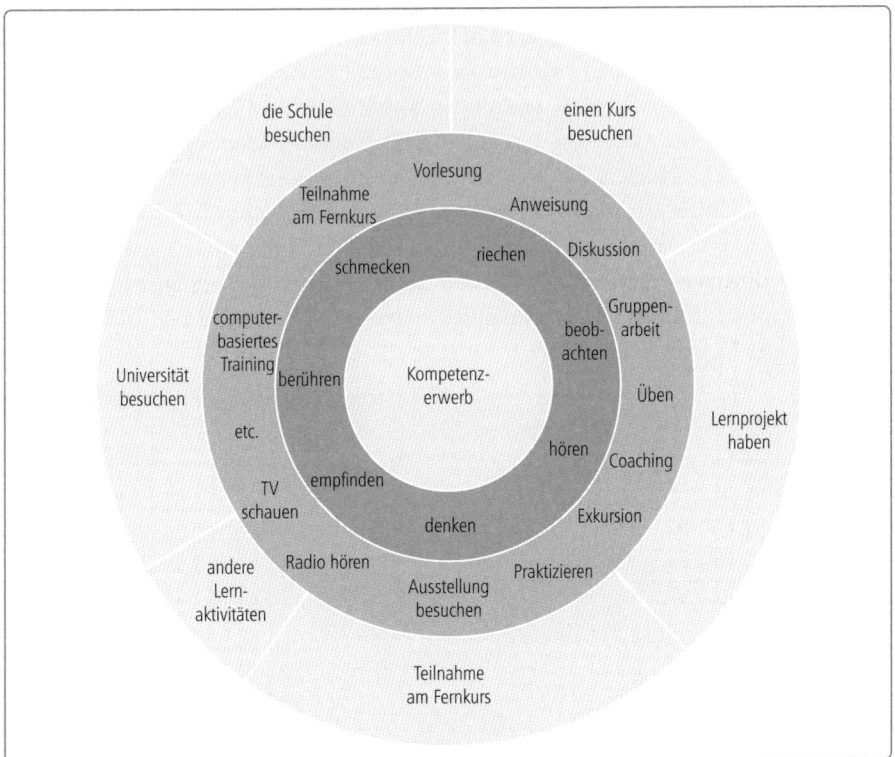

Abbildung 4: Lernaktivitäten und Lernwege (Quelle: vgl. Gnahs/Ioannidou/Pehl u.a. 2002, S. 6f.)

Es gibt also sehr vielfältige Möglichkeiten, bewusst, also intentional, Kompetenzen zu erwerben. Der Verweis auf lerntheoretische Bezüge und praktische Beispiele hat auch verdeutlicht, dass es *hinderliche oder förderliche Bedingungen* für die Kompetenzgenese gibt. Diese liegen zum einen und zuallererst im Lernenden. Die Lernfähigkeit und damit auch der mögliche Lernerfolg hängen vor allem ab von

o   physischen Voraussetzungen/Gesundheitszustand/Vitalität,
o   der Begabung,
o   persönlichen Dispositionen,
o   Motivation/Interesse/Engagement,
o   Emotionen/emotionaler Besetzung des Lerngegenstands,
o   Vorwissen/Vorkenntnissen/vorhandenen Fähigkeiten und
o   Erfahrungen.

Neben diesen *persönlichen Voraussetzungen* bzw. Bedingungen gelingenden Lernens verfügt der Lernende über mehr oder weniger gute *sächliche Rahmenbedingungen* wie finanzielle Mittel zum Kauf von Lehrbüchern, einen Platz zum häuslichen Lernen und persönliche Unterstützung durch Verwandte, Bekannte und Freunde. Handelt es sich um ein *institutionell gestütztes Lernen* zum Beispiel in einer Bildungseinrichtung, so wird der Lernerfolg maßgeblich beeinflusst durch die persönlichen Voraussetzungen des Lehrpersonals (z.B. fachliche Kompetenz, Motivation), aber auch durch die sächlichen Rahmenbedingungen, die vonseiten der Einrichtung bereitgestellt werden (z.B. Raumqualität, Güte des Curriculums) sowie durch die Lerngruppe (z.B. Gruppengröße, Gruppendynamik). Das Gesamtgefüge ist schematisierend in Abbildung 5 dargestellt. Es wird deutlich, dass der Lernvorgang und damit auch der Lernerfolg von sehr vielen Einflussfaktoren abhängt, die nur zum Teil extern gestaltbar sind (vgl. Gnahs/Seidel 2002, S. 16ff.; Siebert 1996, S. 23ff.).

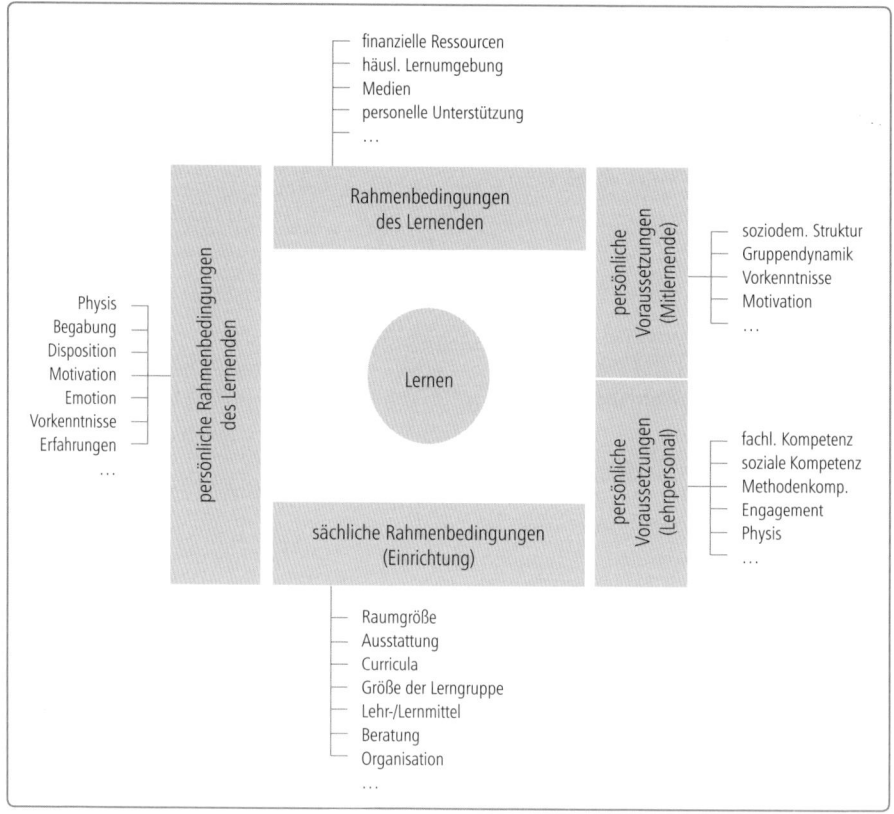

Abbildung 5: Rahmenbedingungen des Lernens (Quelle: vgl. Gnahs/Seidel 2002, S. 18)

→ **ZUR REFLEXION** ←

- Überlegen Sie, auf welchen Wegen Sie Kompetenzen erworben haben.

- Wie unterscheiden sich Sozialisation und Lernen „en passant"?

- Welche Faktoren sind für Ihren persönlichen Lernprozess besonders wichtig?

- Füllen Sie bitte die folgende Matrix aus, indem Sie für die fünf Wege der Kompetenzgenese die jeweiligen Merkmale ankreuzen.

Weg/Merkmal	intentional	institutionell	lehrergestützt	zertifiziert
Sozialisation				
formales Lernen				
nicht-formales Lernen				
informelles Lernen				
Lernen „en passant"				

- Erarbeiten Sie sich aus der Literatur eine Liste von Lerntheorien und vergleichen Sie diese.

- Haben einzelne lerntheoretische Ansätze eine besondere „Nähe" zu bestimmten Aneignungswegen?

- Ergänzen Sie das in 3.6 skizzierte Lernmodell durch weitere Faktoren, die aus Ihrer Sicht wichtig und bedeutsam sind.

📖 **Lesetipp**

Illeris, K. (2006): Das „Lerndreieck". In: Nuissl, E. (Hg.): Vom Lernen zum Lehren. Lern- und Lehrforschung für die Weiterbildung. Bielefeld, S. 29–41

4. Kompetenzerfassung und Kompetenzmessung

Im vorigen Kapitel wurde beschrieben, wie Kompetenzen entstehen bzw. entstehen können. Vor allem im Zusammenhang mit Kompetenzen, die in außerinstitutionellen Kontexten z.B. durch informelles Lernen erworben worden sind, stellt sich die Frage, wie diese „sichtbar" gemacht werden können. Im Regelfall genügt es nicht, das Vorhandensein einer Kompetenz oder eines Kompetenzspektrums zu behaupten. Die Adressaten (z.B. Betriebe, weiterführende Bildungseinrichtungen) werden Beweise bzw. Nachweise verlangen, aus denen ersichtlich ist, welche Kompetenzen auf welchem Niveau von der betreffenden Person zu erwarten sind. Es geht um Bewertungsformen, die mit unterschiedlichen Bezeichnungen in der einschlägigen Literatur verwendet werden: Zertifizierung, Validierung, Beurteilung, Bescheinigung, Testierung usw. sind Begriffe, die zum Teil miteinander konkurrieren und sich zum Teil auch überschneiden (vgl. DIE/DIPF/ IES 2004, S. 42ff.; Gnahs 2003, S. 91).

Im Folgenden werden vier Bewertungsformen unterschieden (vgl. ebd.): die Zertifizierung, die Beurteilung und die Selbsteinschätzung sowie die Bescheinigung im Sinne einer Teilnahmebestätigung (vgl. Abb. 6):

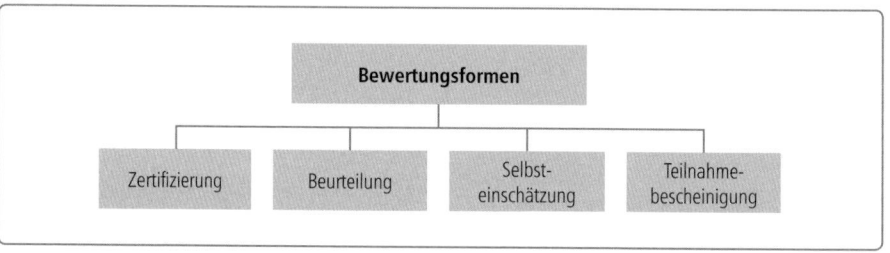

Abbildung 6: Bewertungsfomen

Die *Zertifizierung* ist eine schriftlich fixierte Fremdbewertung, die in der Regel auf einer externen Prüfung basiert und outputorientiert sowie an fachlichen Kompetenzen ausgerichtet ist. Die als Zertifizierung vorgenommene Bewertung ist an sich in keiner Weise an Lernwege, Anwesenheit oder aufgewendete Zeit gebunden. Sie findet also unabhängig davon statt, ob ein Lernergebnis durch formale, nicht-formale oder informelle Lernprozesse zustande gekommen ist.

In der Regel wird die Bewertung anhand von (Mindest-)Standards und Referenzniveaus vorgenommen. Eine Zertifizierung hat im Regelfall eine allgemein anerkannte Verkehrsgeltung und ist zumeist mit Berechtigungen wie dem weiterführenden Besuch einer Bildungsinstitution oder der Einstufung in ein Gehaltssystem verbunden. Eine nur eingeschränkte Verkehrsgeltung haben im Bereich der Weiterbildung durchgeführte verbandsinterne Zertifizierungen. „Klassische" Zertifikate sind bspw. Schulzeugnisse, Diplome, berufliche Abschlusszeugnisse oder Sprachzertifikate.

Als *Beurteilung* wird eine schriftlich festgehaltene Fremdbewertung bezeichnet, die auf Ermittlungsverfahren mit eingeschränkten Standards und Referenzniveaus basiert. Beurteilt werden sowohl Fachkompetenz als auch überfachliche Kompetenzen. Auch für die Beurteilung sind die vollzogenen Wege der Aneignung unerheblich. Sie hat eine sektorale und damit eingeschränkte Verkehrsgeltung. Typische Beispiele für eine Beurteilung sind die Personalbeurteilung und das Arbeitszeugnis.

Die *Selbsteinschätzung* beruht – wie der Begriff nahelegt – auf der individuellen Beurteilung der Lernenden und ist häufig prozessorientiert, ohne Input und Output auszuschließen. Die Selbsteinschätzung setzt ein Mindestmaß an Reflexion der (Lern-) Tätigkeiten, des Aufwands und der persönlichen Kenntnisse und Fertigkeiten voraus. In diesem Zusammenhang ist vor allem die schriftliche Selbsteinschätzung von Interesse. Typische Beispiele dafür sind die den Zertifikaten und Beurteilungen beigelegten Schreiben bei Bewerbungen, Tätigkeitsbeschreibungen und das Lerntagebuch.

Jenseits dieser drei Bewertungsformen gibt es *Bescheinigungen*, die die Teilnahme an einem Lernprozess belegen. Dahinter verbirgt sich die Annahme, dass über die Teilnahme auch die intendierten Kompetenzen ganz oder teilweise erlangt werden.

Zumindest bei den ersten drei Bewertungsformen gehen der Vergabe eines Zertifikats, der Abgabe einer Beurteilung oder Selbsteinschätzung im weitesten Sinne Messvorgänge voraus. Im Folgenden werden nun messtheoretische Grundlagen gelegt und die prinzipiell einsetzbaren Messmethoden vorgestellt.

4.1 Methodische Grundlagen

Begriffe wie „Lernerfolg", „Fremdsprachenkompetenz" oder „Kommunikationsfähigkeit" sind zuerst einmal nur sprachliche Gebilde, die bei einem entsprechend Vorgebildeten bestimmte inhaltliche Assoziationen hervorrufen. Diese Vorstellungen variieren von Person zu Person und auch bei ein und derselben Person von Situation zu Situation.

BEISPIEL

Eine Englischlehrerin wird etwas anderes unter Fremdsprachenkompetenz verstehen als ein Gartenarbeiter. Und die Englischlehrerin wird Fremdsprachenkompetenz bei der Auswahl von Schülern für einen Gastaufenthalt in den USA anders definieren als bei einer Vorsortierung für Kandidaten im diplomatischen Dienst.

Es ist erforderlich, jeweils klar und präzise festzulegen, was begrifflich gemeint ist. Es geht um die Operationalisierung von Begriffen.

DEFINITION

Operationalisierung

Unter „Operationalisierung" wird verstanden, dass (Forschungs-)Operationen festgelegt werden, mit deren Hilfe entscheidbar wird, ob das begrifflich bezeichnete Phänomen vorliegt bzw. in welchem Grade es vorliegt (vgl. Mayntz/Holm/Hübner 1978, S. 18ff.; Friedrichs 1990, S. 73ff.; Diekmann 1995, S. 182ff.).

Der Begriff „Englisch-Sprachkenntnisse" ließe sich beispielsweise über einen Vokabel-test operationalisieren: Allen Personen, die mindestens zehn von hundert englischen Wörter zutreffend ins Deutsche übersetzen, könnte das Attribut „hat englische Sprach-kenntnisse" zugeordnet werden; allen übrigen Personen (keine oder höchstens neun richtige Antworten) das Attribut „hat keine englischen Sprachkenntnisse". Möglich und üblich ist natürlich auch der Weg, das Merkmal „Englisch-Sprachkenntnisse" als Eigenschaftsdimension zu denken und somit mehr als zwei Ausprägungen zuzulas-sen. Denkbar wäre die Klassifizierung in „sehr niedrige", „niedrige", „mittlere" usw. Sprachkenntnisse oder die Vergabe von Punktwerten.

Viele Merkmale von Personen, Gegenständen etc. lassen sich direkt beobachten und mithin auch vergleichsweise einfach erfassen (z.B. Körpergröße, Gewicht, Alter), andere hingegen entziehen sich einer direkten Beobachtung. Ob eine Person „autori-tär", „intelligent" oder „empathisch" ist, erschließt sich nicht auf den ersten Blick. In solchen Fällen müssen *Indikatoren* gefunden werden, die direkt beobachtet werden können und deren Auftreten einen plausiblen Rückschluss auf das eigentlich zu erfas-sende Phänomen zulässt.

Der oben eingesetzte Vokabeltest ist genau genommen keine direkte Widerspiege-lung von englischen Sprachkenntnissen, sondern ein mehr oder weniger guter Indikator dafür. Sprachkenntnis erschöpft sich nicht in Vokabelkenntnissen, sondern schließt z.B. Grammatik, Phonetik und Semantik mit ein. Wie in Kapitel 2 ausgeführt, verweist auch der Kompetenzbegriff auf nicht direkt wahrnehmbare Phänomene. Deshalb werden Fragen der Operationalisierung und Indikatorbildung im weiteren Verlauf des Textes eine zentrale Rolle spielen. Es wird darum gehen, Kompetenz jeweils operational so zu definieren und damit empirisch fassbar zu machen, dass vertretbare, plausible und vor-aussagegültige Schlüsse aus der jeweiligen Kompetenzerfassung bzw. -messung gezogen werden können. Dafür sind Grundkenntnisse der *Regeln der empirischen Sozialfor-schung* hilfreich, die im Folgenden skizziert werden.

Messen ist ganz allgemein das Zuordnen von Zahlen oder Symbolen zu Objekten. Im weitesten Sinne geht es darum, die Ausprägungen von Variablen vergleichbar zu machen. Die Messung sollte dabei so erfolgen, dass die Relationen unter den Zahlenwerten bzw. Symbolen den Relationen unter den Objekten entsprechen (vgl. Friedrichs 1990, S. 97). Das Messniveau unterscheidet sich nach der verwendeten Messskala:

o   Nominalskala,
o   Ordinalskala,
o   Intervallskala und
o   Ratio- oder Verhältnisskala
    (vgl. Diekmann 1995, S. 249ff.; Friedrichs 1990, S. 97ff.).

Beim Messen auf *Nominalskalenniveau* handelt es sich um die einfachste Form des Messens. Für das jeweilige Untersuchungsobjekt wird lediglich festgestellt, ob das bezeichnete Merkmal vorhanden ist oder nicht. Die Untersuchungsobjekte werden nach den zu untersuchenden Eigenschaften klassifiziert. Typische Beispiele dafür sind die Merkmale „Geschlecht", „Religionszugehörigkeit" oder „Familienstand". Die einzelnen Merkmalsklassen bzw. Merkmalsausprägungen lassen sich nicht in eine Rangreihe bringen, die eine „Größer-kleiner-Relation" ermöglicht. Für die auf Nominalskalenniveau erhobenen Daten lassen sich absolute und relative Häufigkeiten errechnen.

Vielen widerstrebt in diesem Zusammenhang, überhaupt von „Messung" zu sprechen, weil im Bedeutungshorizont dieses Begriffs „Quantifizierung" mitschwingt. Um diesen begrifflichen Zwiespalt zu lösen, wird der Begriff „Kompetenzerfassung" textlich mitgeführt, um als Synonym für Kompetenzmessungen auf niedrigem Skalenniveau benutzt werden zu können.

Das nächsthöhere Messniveau stellt die *Ordinalskala* dar: Die Untersuchungsobjekte können hinsichtlich des betrachteten Merkmals in eine Rangreihe gebracht werden. Das bedeutet, dass das Merkmal mehrere Merkmalsausprägungen aufweist, die sich hinsichtlich ihrer Stärke, Größe oder Intensität unterscheiden. So lassen sich z.B. Tennisspieler nach ihrer Spielstärke ordnen oder Bilder nach ihrer Ausdruckskraft. Die Rangziffer lässt sich nicht für weitere mathematische Operationen nutzen, weil die Abstände zwischen den Rangplätzen im Regelfall verschieden groß sind: So liegt Tennisspieler A in seiner Leistungsfähigkeit nur knapp vor seinem Rivalen B, zwischen diesem und C liegen aber Welten.

Bei der *Intervallskala* dagegen sind die Abstände zwischen zwei Messwerten eindeutig definiert: Über eine definierte Maßeinheit wird festgelegt, dass z.B. der Abstand zwischen den Messwerten „15" und „16" genauso groß ist wie der zwischen den Messwerten „99" und „100". Vom nächsthöheren Messniveau unterscheidet sich die Intervallskala dadurch, dass sie keinen natürlichen Nullpunkt hat, dieser also von den Konstrukteuren der Maßeinheit bzw. des Messinstruments gesetzt wird. Ein typisches

Beispiel für eine Intervallskala ist die Temperaturskala: Es kann zwar angegeben werden, dass der Unterschied zwischen 10 und 20 Grad Celsius genauso groß ist wie der zwischen 30 und 40 Grad Celsius, doch der Unterschied im ersten Fall kann nicht als Temperatursteigerung um 100 Prozent und im zweiten Fall um 33 Prozent interpretiert werden, weil der Nullpunkt willkürlich als Gefrierpunkt des Wassers festgesetzt worden ist. Ähnlich verhält es sich mit vielen anderen Einschätzungs- und Messskalen (z.B. Intelligenztest, Schulnoten). Mit den Messwerten auf Intervallskalenniveau können Additions- und Subtraktionsvorgänge durchgeführt werden, nicht aber Multiplikationen und Divisionen.

Dies ist erst mit *Verhältnis- bzw. Ratioskalen* möglich. Sie haben einen natürlichen Nullpunkt und erlauben alle Arten von Rechenoperationen. Typische Merkmale auf Verhältnisskalenniveau sind „Einkommen", „Körpergröße" und „Zahl der Schuljahre".

Die Unterscheidung von *unterschiedlichen Messniveaus* liefert wichtige Voraussetzungen zur Konzipierung und zur Beurteilung von Lernerfolgs- bzw. Kompetenzmessungen. Hinzuweisen ist schon an dieser Stelle auf die Tatsache, dass Ergebnisse aus solchen Messungen häufig ein Skalenniveau vortäuschen, das gar nicht vorhanden ist. Ein typisches Beispiel sind Schulnoten, die gewöhnlich als Intervallskala interpretiert werden, streng genommen aber nur Ordinalskalenniveau besitzen. Auch viele der üblichen Zustimmungsskalen gehen implizit davon aus, dass die Abstände z.B. zwischen „stimme stark zu" und „stimme zu" genauso groß sind wie zwischen „stimme weder zu noch lehne ab" und „lehne ab". Das ist eine genauso „heroische" Annahme wie jene, dass der Abstand zwischen den Schulnoten gleich groß ist bzw. dass sich hinter derselben Schulnote bei unterschiedlichen Personen das gleiche Leistungsniveau verbirgt.

Neben den Skalenniveaus lassen sich noch weitere Beurteilungsmaßstäbe anführen, die in der wissenschaftlichen Diskussion gebräuchlich sind. Danach müsste eine Lernergebnismessung den in der empirischen Forschung üblichen *Gütekriterien* (vgl. auch Diekmann 1995, S. 216ff.) genügen:

o   Objektivität/Intersubjektivität,
o   Reliabilität/Zuverlässigkeit,
o   Validität/Gültigkeit.

Unter *Objektivität* wird dabei verstanden, dass das Messergebnis vom Messenden unabhängig, dass es intersubjektiv vergleichbar ist.

BEISPIEL

Es ist zu erwarten, dass zehn Personen, die mittels Waage das Gewicht eines Sandsacks bestimmen sollen, eine vergleichsweise hohe Übereinstimmung erzielen werden. Anders dürfte das Ergebnis ausfallen, wenn zehn Deutschlehrer ein und denselben Schüleraufsatz benoten.

Prinzipiell kann die Objektivität einer Messung bei der Datenerhebung (Durchführungsobjektivität) und bei der Datenauswertung (Auswertungsobjektivität) beeinträchtigt werden (vgl. ebd., S. 216f.). So wäre es z.B. möglich, dass die Schüler bei einer bestimmten Deutschlehrerin besonders motiviert sind, eine gute Leistung zu erbringen, während dies bei einem anderen Lehrer eher nicht der Fall ist. Das Testergebnis würde also durch die Person des/der Testenden beeinflusst, was allgemein auch als Interviewereffekt bekannt ist. Davon zu unterscheiden wäre dann die Bewertung des Tests, die vermutlich von subjektiv geprägten Maßstäben und auch von Sympathien bzw. Antipathien gegenüber den Getesteten gefärbt sein kann.

Unter *Reliabilität* wird verstanden, welchen Grad von Zuverlässigkeit ein Messinstrument aufweist: Kommt es bei wiederholter Messung und bei Unterstellung einer Konstanz der zu messenden Eigenschaft immer zu demselben Ergebnis? So müsste zum Beispiel ein Vokabeltest, der zweimal innerhalb eines Tages durchgeführt wird, zumindest zu einem sehr ähnlichen Ergebnis kommen.

Objektivität und Reliabilität sind indes nur Mindestanforderungen an ein Messinstrument – entscheidend ist die *Validität*. Darunter wird verstanden, dass das Messinstrument tatsächlich das misst, was es vorgibt zu messen. So mag ein Vokabeltest bzw. dessen Ergebnis als Indikator für Sprachkompetenz konstruiert sein und objektiv und zuverlässig messen, doch misst er wirklich, wie unterstellt, Sprachkompetenz? Die *Validierung* eines Messinstruments erfolgt im Regelfall über die Kopplung mit einem Außenkriterium, das – fachlich begründet – inhaltlich hohe Relevanz aufweist. Die Stärke der Korrelation zwischen dem Messergebnis und dem Auftreten des Außenkriteriums böte dann ein Maß für die Validität. So könnte zum Beispiel das Ergebnis eines einstündigen Sprachtests mit dem Ergebnis eines mehrtägigen Sprach-Assessments in Beziehung gesetzt werden. Lieferte der kurze Test eine gute bis sehr gute Vorhersagewahrscheinlichkeit für das Ergebnis des aufwendigen Assessments, so könnte er als valides Instrument zur Erfassung von bzw. als Indikator für Sprachkompetenz dienen.

Die aufgeführten Gütekriterien sind keine absoluten Maßstäbe: Ein Messinstrument ist nicht objektiv oder nicht bzw. valide oder nicht, sondern seine Validität, Objektivität und Reliabilität sind in mehr oder weniger starkem Ausmaß vorhanden. Es gibt sogar Zielkonflikte zwischen ihnen: So wird zum Beispiel ein hohes Maß an Objektivität und Reliabilität zulasten der Validität „erkauft": Ein einfacher Vokabeltest zum Beispiel besitzt im Regelfall ein hohes Maß an Objektivität und Reliabilität, dürfte aber nur ein geringes Maß an Validität in seiner Eigenschaft als Indikator für Sprachkompetenz aufweisen.

Unter Praktikabilitätsgesichtspunkten lassen sich weitere Anforderungen an Messungen benennen: Sie müssen ethisch vertretbar sein und Akzeptanz bei den Getesteten finden, sie müssen einfach und praktikabel sein, um den Testaufwand in Grenzen zu halten. Zudem müssen sie auch in der jeweiligen Anwenderszene (Wissenschaft, Weiterbildungspraxis) anschlussfähig und akzeptabel sein. Diese ergänzenden Kriterien (*ethische Vertretbarkeit, Praktikabilität, Akzeptanz und Effizienz*) machen zusätzlich deutlich, dass Kompetenzerfassung bzw. -messung praktisch mit Zielkonflikten umgehen muss, und dass es ein Spannungsfeld bei der Balancierung der unterschiedlichen Aspekte zu bewältigen gilt.

In den folgenden Abschnitten werden nun Möglichkeiten aufgezeigt, Kompetenzen zu erfassen bzw. zu messen. Es handelt sich dabei um einen Überblick, bei dem auf methodische Details verzichtet wird. Diese fließen in die Behandlung der Einzelbeispiele in Kapitel 6 ein.

4.2 Methoden zur Bewusstmachung und Beschreibung von Kompetenzen

Bei der Messung von Kompetenzen geht es zunächst einmal darum, zu identifizieren, ob eine bestimmte Person überhaupt über eine bestimmte Kompetenz verfügt, oder zu prüfen, welche Kompetenzen überhaupt vorhanden sind. Es wird also auf Nominalskalenniveau gemessen.

Eine erste Möglichkeit besteht darin, an das oben skizzierte Kompetenzmodell anzuknüpfen. Danach kann eine Kompetenz nicht direkt beobachtet werden, sondern nur deren „Entäußerung" in Form von Handlungen (Performanz). Es wird dann nach Tätigkeiten gefragt, die die Person in ihrem Leben insgesamt oder in abgegrenzten Bereichen/ Handlungsfeldern bzw. Perioden ausgeübt hat. Die Dauer und Intensität dieser Tätigkeiten ist ein wichtiger Aspekt bei der Aus- und Bewertung dieser Antworten. Aus der Tatsache, dass eine Person über eine langjährige Erfahrung in Verkaufsberufen verfügt, könnte zum Beispiel der Personalleiter eines Warenhauses den Schluss ziehen, dass Verkaufskompetenzen vorliegen. Er wird dieser Person zuschreiben, dass sie Waren auszeichnen kann, professionellen Umgang mit Kunden pflegt usw. Dieser Schluss ist plausibel und nachvollziehbar, garantiert aber keinesfalls, dass die Zuschreibungen auch den Tatsachen entsprechen.

Die Frage nach den Tätigkeiten kann als *offene Frage* – also ohne Antwortvorgaben, gestellt werden – oder als *gestützte Frage*, bei der Tätigkeitsgruppen, Lebensphasen oder Einzeltätigkeiten vorgegeben oder als Erinnerungshilfe angeboten werden. Die gestützte Frage ist besonders dann hilfreich, wenn relativ lange Zeitspannen abgedeckt werden oder bewusst der Gedankenstrom auf ungewöhnliche bzw. leicht zu vergessene Aktivitäten gelenkt werden soll. So können z.B. Jugendliche, die sich um einen Ausbildungsplatz bewerben, nicht nur nach Schulaktivitäten gefragt werden, sondern auch nach Hobbys, Aushilfsjobs und häuslichen Tätigkeiten. Aus der Tatsache, dass eine Bewerberin als Babysitter tätig war, könnte dann z.B. auf Verantwortungsbereitschaft und Zuverlässigkeit geschlossen werden.

Der Rückschluss von der Tätigkeit auf die Kompetenz ist von der Messgüte her weder objektiv noch besonders reliabel. Der Grad der Validität ist potenziell sicher vergleichsweise hoch, setzt aber auch voraus, dass die einschätzende Person über entsprechende Kenntnisse und Erfahrungen, also über Beurteilungskompetenz verfügt.

Die gleiche Methode kann auch zur *Selbsteinschätzung* eingesetzt werden: Personen erinnern sich an Tätigkeiten und arbeiten heraus, welche Kompetenzen sie dabei tatsächlich oder vermutlich eingesetzt haben. Dies muss nicht unbedingt dazu führen, dass es zur Selbstüberschätzung kommt. Häufig sind die sich selbst einschätzenden Personen gar nicht in der Lage, die Ausdeutung ihrer Tätigkeiten vorzunehmen, sie wissen nicht, welche Kompetenzen dabei „im Spiel" sind, bzw. sie unterschätzen ihr Potenzial.

Einen Schritt weiter gehen Messverfahren, die den Befragten Kompetenzlisten vorlegen – meistens handelt es sich dabei um sogenannte Schlüsselkompetenzen wie Verhandlungsfähigkeit oder Zeitmanagement – und um eine abstufende Klassifizierung bitten. Die Antwortkategorien sind dann zum Beispiel „kann ich gut", „kann ich weniger gut" und „kann ich gar nicht". Ein solches Vorgehen birgt mehrere Probleme: Wissen die Befragten jeweils genau, was mit den vorgegebenen Kompetenzen bzw. Kompetenzarten gemeint ist? Schätzen sie sich zutreffend ein? Wird ihr Antwortverhalten davon geleitet, was sie als sozial erwünscht wahrnehmen? Welche Maßstäbe werden zugrunde gelegt? Dieselben Bedenken müssen prinzipiell ins Blickfeld gerückt werden, wenn dieses Verfahren nicht als Selbst-, sondern als *Fremdeinschätzung* läuft. Der Grad der Verzerrung wird wesentlich davon abhängen, wie der oder die Beurteilende geeignet ist, solche Einschätzungen vorzunehmen.

Im Ergebnis liefert die Einschätzung über vorgegebene Zustimmungs- oder Einschätzungskategorien ein differenzierteres Bild als die zuerst dargestellte Abfrage. Es werden nicht nur die vorhandenen Kompetenzen erfasst, sondern auch der Grad ihrer Ausprägung. Damit bewegen wir uns schon auf Ordinalskalenniveau. Die Bedenken bei der Einhaltung der Gütekriterien bleiben erhalten. Die Größe des Messfehlers kann in Grenzen gehalten werden, wenn die Verfahren der Selbst- und Fremdeinschätzung kombiniert werden, wenn mehrere Fremdbeurteiler/innen ihre Bewertung abgeben und wenn das Bewusstmachen der individuellen Kompetenzen unter der Anleitung eines qualifizierten Beraters erfolgt.

4.3 Methoden zur Einschätzung und Abstufung von Kompetenzen

Eine häufig eingesetzte Methode der Kompetenzbeurteilung ist die *Beobachtung:* Personen nehmen Kompetenzentwicklungen wahr und stellen Kompetenzvergleiche zwischen Dritten an, indem sie deren Handlungen und Verhaltensweisen im beruflichen und privaten Alltag beobachten und daraus Schlussfolgerungen ziehen. So registrieren die Eltern den Zuwachs an Sprachkompetenz bei ihren Kindern, so kann der Vorgesetzte abschätzen, welcher seiner Mitarbeiter für eine bestimmte Aufgabe am besten geeignet ist, so kann ein Fußballtrainer die Leistungsfähigkeit seiner Spieler beurteilen, um auf dieser Grundlage die Mannschaftsaufstellung für das nächste Spiel zu planen.

Derartige „Messungen auf Ordinalskalenniveau" passieren mehr oder weniger beiläufig, die Beurteilungskriterien sind selten explizit, und die Messenden sind selbst Teil des Geschehens, die ihre Eindrücke meist nur im Gedächtnis speichern. Dieses Verfahren hat allerdings den Vorteil, dass eine extrem große Menge von Daten gesammelt wird und dass diese Datensammlung in realen Situationen, sogenannten *Ernstfallsituationen,* stattfindet. Trotz der meist geringen Objektivität und Reliabilität der Messung dürfte ein vergleichsweise hoher Grad von Validität bei minimalem Aufwand und hoher Akzeptanz der Betroffenen erzielbar sein.

Die Güte der Messergebnisse aus der beschriebenen Beobachtung kann gesteigert werden, wenn die „Messenden" zumindest einen Teil ihrer Beobachtungen notieren und damit zeitliche und inhaltliche Sortiervorgänge vornehmen: Die Eltern führen ein Kindertagebuch, der Vorgesetzte füllt halbjährlich oder jährlich Personalbeurteilungsbögen aus oder schreibt einen Vermerk, der Trainer benutzt das sprichwörtliche Notizbuch. Damit rückt die Beobachtung in die Nähe der *teilnehmenden Beobachtung,* wie sie als Methode der empirischen Sozialforschung üblich ist (vgl. Diekmann 1995, S. 456ff.).

Es ist zu vermuten, dass das, was notiert wird, als zentral oder bedeutsam für die Kompetenzeinschätzung betrachtet wird. Es werden einzelne Aspekte herausgehoben, die als *Indikator* dienen für die Gesamteinschätzung einer Kompetenz. So mag der Fußballtrainer die Tore zählen, die Torvorlagen, die Zahl der gespielten Minuten, der Vorgesetzte betrachtet die Verkaufszahlen, die Zahl der gefertigten Teile oder die Zahl der Beanstandungen, die Mutter zählt die Tage, bis das Kind zum ersten Mal „Mama", „Schokolade" oder „Schmetterling" sagen kann.

Damit werden die Messungen zwar objektiver und reliabler, sie finden auch auf Intervallskalen- und Verhältnisskalenniveau statt, also auf einem höheren Messniveau, alles Vorteile, die mit einer Verminderung der Validität einhergehen, weil die gemessenen Indikatoren nur Teilaspekte der zu messenden Kompetenzen abbilden.

In vielen Fällen gibt es faktisch oder aus Kostengründen keine Alternative zur Festlegung von Indikatoren. Ein einstellender Betrieb zum Beispiel hat keine Chance, die Bewährung des Bewerbers in konkreten Arbeitssituationen teilnehmend zu beobachten. Es werden mithin Indikatoren bestimmt, die geeignet erscheinen, das Kompetenzpotenzial und damit die zukünftige Arbeitsleistung einzuschätzen. Solche Indikatoren können sein die Examensnote, Bewertungen aus vorherigen Arbeitszeugnissen, die Aufmachung der Bewerbung, das Verhalten im Vorstellungsgespräch, die Güte einer Arbeitsprobe, Zahl und Bonität von Referenzen, bestimmte Kenntnisse und Fertigkeiten.

Auch Bildungseinrichtungen benutzen Prüfungen in jeder Form (Tests, Hausarbeiten, Examensarbeiten, Gesellenstücke, Klausuren, mündliche Prüfungen etc.) als Indikator für den mehr oder weniger erfolgreichen Abschluss einer Bildungslaufbahn. Im Regelfall werden für die Einzelleistungen und die Gesamtleistungen *Noten* vergeben, die sowohl als Beleg für vollbrachte Leistungen in der Bildungseinrichtung als auch als Signal für ein zukünftig abrufbares Kompetenzpotenzial interpretiert werden. Dass beide Interpretationen nur bedingt zutreffend sind, ist heute eine Binsenweisheit: Noten liefern häufig keine vergleichbaren Leistungsmaßstäbe, sondern sind meist nur Messungen auf Ordinalskalenniveau, die für die überblickbare Lerngruppe eine Rangordnung herstellen. Sie sind auch nur bedingt voraussagegültig für den späteren beruflichen Erfolg, weil sie zum Teil Kompetenzen abbilden bzw. anzeigen, die in der späteren Berufspraxis gar nicht benötigt werden.

Noten sind streng genommen die Bewertung von Einzelereignissen in Form von Prüfungen. Der Grundsatz *„Wer lehrt, prüft!"* führt aber nicht selten zu einer Relativierung der Einzelereignisse, indem die Prüfer/innen in ihr Einzelurteil den Gesamteindruck aus dem zurückliegenden Bildungsabschnitt einfließen lassen und die Note implizit oder explizit nach oben oder unten korrigieren. Damit fließen in die Testnote immer auch Einschätzungen der pädagogisch Tätigen ein, die sie in Form von (teilnehmenden) Beobachtungen im Rahmen des Lehr-/Lernprozesses gewonnen haben.

4.4 Methoden zur Quantifizierung von Kompetenzen

Im Bildungswesen und in Betrieben werden „Tests" konstruiert, die mit einer vergleichsweise großen Zahl von Aufgaben versuchen, den Wissens- bzw. Kenntnisstand der Testpersonen festzustellen. Das Testergebnis wird beispielsweise als Indikator interpretiert für die Eignung von Bewerbern, das Bestehen einer Prüfung gilt als Kompetenznachweis. Die Fragestellungen sind meist eindeutig und klar, die möglichen Antworten sind leicht als richtig oder falsch zu klassifizieren (z.B. durch Multiple Choice). Damit ist sowohl die Durchführungs- als auch die Auswertungsobjektivität relativ hoch. Auch die Zuverlässigkeit derartiger Instrumente kann als hoch eingeschätzt werden. Die Validität kann nicht von vornherein beurteilt werden und ist natürlich auch abhängig vom jeweiligen Verwendungszweck des Instruments.

Hinzuweisen ist darauf, dass der Nullpunkt in der Punkteskala bzw. die Festlegung des Schwellenwerts, ab dem z.B. die Prüfung als bestanden gilt, eine Setzung ist, die mehr oder weniger situativ erfolgt. Auch die Gewichtung der einzelnen Elemente des Tests und die Bepunktung sind im Regelfall Setzungen der Tester. Diese Messung auf Intervallskalenniveau hat den Vorteil einer größeren Transparenz des Prüfungsgeschehens und reduziert subjektive Einflüsse, ohne sie ganz vermeiden zu können.

Wissenschaftlich konstruierte Tests versuchen nun, die Situationsbedingheit der „Praxistests" zu vermindern, indem in aufwendigen und statistisch abgesicherten Verfahren nur solche „Items" (Testfragen, Testaufgaben) in die Testbatterie aufgenommen werden, die definierte Voraussetzungen erfüllen. Das Instrument wird fachwissenschaftlich und testtheoretisch geeicht. Im Besonderen wird Wert darauf gelegt, dass die drei zentralen Gütekriterien in möglichst hohem Grade eingehalten werden (vgl. Diekmann 1995, S. 228ff.).

Es ist nicht zu erwarten, dass in der Betriebs- und Bildungspraxis ein derartiger Aufwand getrieben werden kann. Für einige zentrale Aspekte der Leistungsbeurteilung stehen allerdings solche geeichten Instrumente zur Verfügung (z.B. Persönlichkeits- und Intelligenztests, Fremdsprachentests), die dann im Bedarfsfall genutzt werden können.

→ ZUR REFLEXION ←

- Überlegen Sie, welchen Messverfahren Sie im Bildungswesen schon begegnet sind. Wie beurteilen Sie jeweils die Messgenauigkeit/die Messqualität?

- Worauf würden Sie achten, wenn Sie selbst eine Kompetenzmessung vornehmen würden?

- Was bedeutet die Einführung eines Zentralabiturs in Deutschland messtechnisch?

- Füllen Sie bitte die folgende Matrix aus, indem Sie für die Beispiele die jeweilige Skalenqualität ankreuzen. Ist die Zuordnung in allen Fällen eindeutig möglich? Begründen Sie Ihre Zuordnung!

Beispiel/Skalen-Qualität	Nominalskala	Ordinalskala	Intervall-Skala	Verhältnisskala
Temperaturskala C				
Note für Klausur				
Einkommenshöhe				
Intelligenztest				
Wissenstest				
Alter				
Geschlecht				
Punktzahl in einer Klausur				
Teilnahmenachweis				

- Erarbeiten Sie sich aus den im Literaturverzeichnis vorgestellten Titeln eine Liste von Testbeispielen und vergleichen Sie diese.

- Erarbeiten Sie Vorschläge, um die Messgenauigkeit bei Diplomprüfungen zu erhöhen.

📖 Lesetipp

Diekmann, A. (1995): Empirische Sozialforschung. Reinbek bei Hamburg, S. 200–265 (Kapitel 6: Messung, Skalen, Indizes)

5. Anwendungsfelder

Wie in den vorangegangenen Kapiteln deutlich geworden ist, sind die Erfassung und Beurteilung von Kompetenzen in allen Variationen Bestandteil vieler beruflicher Profile und spielen auch in Alltagshandlungen eine wichtige Rolle. In diesem Kapitel werden nun drei Bereiche genauer betrachtet:
1. Weiterbildungseinrichtungen,
2. Betriebe und
3. Forschung.

Es wird beschrieben und analysiert, wo Kompetenzmessungen eingesetzt werden und welche Anforderungen an derartige Messungen aus methodischer Sicht gestellt werden müssen. Viele Ausführungen sind auch auf andere Bereiche übertragbar. So wird vieles, was für Weiterbildungseinrichtungen gilt, auch für Schulen und Universitäten gelten. Natürlich sind auch Transfers zwischen den beschriebenen Bereichen denkbar: So lassen sich Verfahren, die üblicherweise in Betrieben eingesetzt werden, auch in Weiterbildungseinrichtungen anwenden. Und schließlich sind Weiterbildungseinrichtungen auch betriebsförmig, stellen Personen ein, besetzen Aufstiegspositionen und schreiben Arbeitszeugnisse.

Bei der Auswahl der jeweils betrachteten Anwendungsfelder sind typische und häufig wahrgenommene ausgewählt worden. Damit wird nicht ausgeschlossen, dass auch bei anderen Aufgabenerfüllungen Kompetenzerfassungs- bzw. -messungsvorgänge zum Tragen kommen. Die folgende Übersicht (Abb. 7) liefert die Zusammenstellung der berücksichtigten Anwendungsfelder und ist damit auch die Grundlage für die Untergliederung der folgenden Abschnitte. Zu betonen ist, dass es sich um einen Überblick handelt, keinesfalls um eine Detailanalyse.

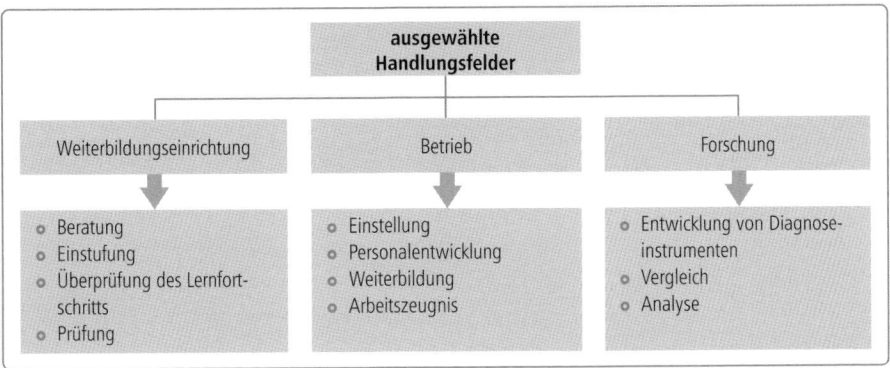

Abbildung 7: Ausgewählte Anwendungsfelder

5.1 Kompetenz-/Leistungsbeurteilung in Weiterbildungs-einrichtungen

5.1.1 Beratung

In Weiterbildungseinrichtungen finden aus unterschiedlichen Anlässen Beratungsvorgänge statt: Es geht um eine Eingangsberatung zur zielgerichteten Auswahl von Veranstaltungen, um Ratschläge im Zusammenhang mit der Erstellung von Facharbeiten/Hausarbeiten und dem Halten von Referaten bis hin zu umfassenden Beratungen mit Blick auf das Lernverhalten oder mögliche Bildungs- und Karrierewege. Besonders die beiden zuletzt genannten Arten sind prädestiniert, auch Fragen der Kompetenzeinschätzung und Kompetenzgenese zu thematisieren.

In aktuellen Konzeptionen von *Lernberatung* spielen Leitprinzipien wie Kompetenzorientierung, Biographiebezug, Sicherung von lern- und berufsbiografischer Kontinuität und Orientierung an den Lerninteressen eine zentrale Rolle (vgl. Kemper/Klein 1998, S. 39ff.; Wenzig 2004, S. 48ff.; Klein 2005). Damit werden Fragen wie die folgenden zum Impulsgeber und zu Orientierungspunkten im Beratungsgespräch:

o   Welche fachlichen, persönlichen und sozialen Kompetenzen bringe ich mit?
o   Was kann ich gut?
o   Was fällt mir leicht?
o   Was tue ich gerne?
o   Welche Kompetenzen habe ich wann und wo erworben?
o   Welche habe ich wann und wo unter Beweis gestellt?
o   Welche will ich wann und wo einsetzen?
o   Welche könnte ich weiterentwickeln? (vgl. Kemper/Klein 1998, S. 41ff.)

Es geht häufig darum, in einem ersten Schritt Kompetenzen zu identifizieren. Im Regelfall werden Tätigkeiten biographisch rekapituliert, aus denen dann Berater/innen zusammen mit den jeweiligen Ratsuchenden Kompetenzen herausarbeiten. Häufig setzen sie dabei Kompetenzlisten, Portfolios, Bildungspässe oder Ähnliches ein, um die Erinnerungsarbeit zu erleichtern und einen möglichst hohen Erfassungsgrad zu sichern. In einem zweiten Schritt folgt dann gewöhnlich der Versuch einer sehr groben Einschätzung des Kompetenzniveaus zum Beispiel mit der oben zitierten Frage „Was kann ich gut?".

Dieses Bewusstmachen von Kompetenzen wird im nächsten Kapitel anhand eines Beispiels (ProfilPASS) ausführlich beschrieben. Mit diesem Ansatz werden die Ratsuchenden auf ihr Lern- und Leistungspotenzial aufmerksam gemacht, das häufig unentdeckt in ihnen schlummert. Damit wird Abschied genommen von einem Defizitansatz, der vor allem auf die Lücken, Probleme und Differenzen verweist und damit demotivierend und entwicklungshemmend wirkt.

5.1.2 Einstufung

Im Regelfall gewinnen Weiterbildungseinrichtungen ihre Teilnehmenden über Marketingmaßnahmen (Programmhefte, Hinweise in der Tageszeitung, gezielte Kundenansprache). Weiterbildungsangebote sind prinzipiell öffentlich und können von jedem Interessierten besucht werden. Die Einrichtungen und Kursleitenden haben häufig keine genauen Informationen über die Vorkenntnisse und Lernerfahrungen der Angemeldeten. Bei vielen Veranstaltungen ist dieser Umstand vernachlässigbar (z.B. bei Anfängerkursen, bei Einzelvorträgen und Vortragsreihen), bei einigen ist ein heterogener Teilnehmerkreis sogar förderlich, weil unterschiedliche Positionen und Erfahrungshintergründe befruchtend für die Erarbeitung eines Themas sein können (z.B. ein Seminar der politischen Bildung über die Integrationswirkungen des Sports).

Es gibt aber auch zahlreiche Weiterbildungsveranstaltungen, die einen vergleichsweise homogenen Teilnehmerkreis voraussetzen, um *Lerneffektivität* und *Lerneffizienz* gewährleisten zu können. In solchen Fällen wird entweder der Adressatenkreis über die Festlegung bestimmter Merkmale (Funktionen, Positionen, Eigenschaften) eingegrenzt (z.B. Seminare für Betriebsräte oder Kurse für Schwangere) oder über die Festlegung von *Kompetenzkorridoren* sichergestellt, dass alle Mitglieder der Lerngruppe über vergleichbare Vorkenntnisse verfügen.

Im zweiten Fall muss also in irgendeiner Form eine Kompetenzeinschätzung vorgenommen werden. Dabei bieten sich drei Möglichkeiten an:

1. Die Einrichtung definiert Kompetenzanforderungen und überlässt es den Interessent/inn/en, eine *Selbsteinschätzung* vorzunehmen.

2. Die Einrichtung schätzt über zusätzliche Angaben der Interessent/inn/en ein, ob die jeweils spezifischen Anforderungen (vermutlich) erfüllt sind. Dafür können zum Beispiel frühere Tätigkeiten, vorher besuchte Seminare oder erreichte Qualifikationen herangezogen werden.

3. Schließlich kann die Einrichtung die Interessent/inn/en einem *Einstufungstest* unterziehen, um auf der Basis des Ergebnisses eine Zuordnung zu einer Veranstaltung vorzunehmen oder auch die Teilnahme abzulehnen.

Welcher Verfahrenstyp zum Einsatz kommt, ist stark abhängig von den Inhalten, den Lernzielen und den Zielgruppen. So ist zum Beispiel im Fremdsprachenbereich der Rückgriff auf Einstufungstests der Normalfall. Die Einrichtungen setzen dabei Eigenentwicklungen ein, benutzen aber meist anerkannte *Standardtests* wie die Europäischen Sprachenzertifikate oder den TOEFL (Test of English as a Foreign Language) (vgl. Kniffka 2003, S. 373f.) (siehe auch Kap. 6.6). Bei Grundbildungsangeboten dagegen ist der Einsatz von Tests eher problematisch, weil die Zielgruppe auf derartige Instrumente abwehrend reagiert. In diesem Fall bietet sich dann das zweite Verfahren an, mit dem zum Beispiel über ein „erschließendes" Gespräch die nötigen Informationen gewonnen werden (vgl. Grotlüschen/Linde 2007, S. 48f.; Schladebach 2007, S. 140; Jeantheau 2007, S. 60ff.).

5.1.3 Überprüfung des Lernfortschritts

In Veranstaltungen der Weiterbildung werden Kenntnisse und Fähigkeiten vermittelt bzw. Lernprozesse angestoßen oder verstärkt. In vielen Fällen gibt es konkrete Lehr- bzw. Lernziele, die erreicht werden sollen. Im Besonderen bei längeren Maßnahmen (z.B. einer Umschulung oder Aufstiegsfortbildung) ist es hilfreich und sinnvoll, zwischenzeitliche *Lernerfolgskontrollen* durchzuführen (vgl. z.B. für den Fremdsprachenbereich Vollmer 2003). Sie helfen den Lehrenden dabei, Defizite aufzuspüren oder die didaktische Konzeption zu überdenken, und sie geben den Lernenden Aufschluss über das bisher Erreichte, liefern Anhaltspunkte für Stärken und Schwächen.

Die elementarste Form der Lernfortschrittskontrolle ist die (teilnehmende) Beobachtung im Verlauf des Lehr-/Lernprozesses, die im Übrigen von Lehrenden und Lernenden gleichermaßen vorgenommen wird. Sie kann als reine „Erfahrungsaufnahme" passieren oder über eine Verschriftlichung als „Klassenbuch" oder Lerntagebuch strukturiert werden. Sie liefert viele, aber auch sehr selektive Eindrücke. Deshalb wird diese Form der Lernfortschrittskontrolle meist ergänzt durch *Tests*, die zu bestimmten Zeitpunkten eingesetzt werden (vgl. Nissen 2003).

Die Inhalte der Tests beziehen sich auf den vorher behandelten Lehrstoff. Mit Fragen und Aufgaben wird versucht, möglichst gut abzubilden, was als Erreichen der Lehr-/Lernziele interpretiert werden kann. Standardisierte Tests verbieten sich zumeist, weil das jeweilige Veranstaltungsgeschehen in Abhängigkeit von den Lehrenden, Lernenden und situativen Begebenheiten sehr unterschiedlich verlaufen kann.

Gemessen werden – streng genommen – Kenntnisse und Fertigkeiten, nicht Kompetenzen, weil der Bezug zum realen Handlungskontext nicht gegeben ist. Inwieweit die verwendeten Tests gute Indikatoren für Kompetenzen sind, bedarf einer Einzelfallklärung. Anders sieht es aus, wenn Lehreinheiten sich mit Praxisphasen abwechseln und die Teilnehmenden Gelegenheit haben, das Erlernte anzuwenden. Dann können die Lernenden selbst oder Dritte (zum Beispiel Vorgesetzte, Kollegen oder Freunde) einschätzen, ob sich ein Kompetenzzuwachs im Sinne eines Mehr an Handlungsmöglichkeiten in speziellen Situationen ergeben hat.

Derartige Lehr-/Lernarrangements bieten also gute Möglichkeiten, einen Kompetenzbezug herzustellen, mit dem der Lernprozess gesteuert werden kann. Durch den Diskurs über die Praxis- bzw. Lebensrelevanz des Lehrstoffs können wechselseitige Korrekturprozesse in Gang gesetzt werden: Zum einen verändert der Rückgriff auf Praxisanforderungen den Lehrstoff, zum anderen verändern vermittelte Kenntnisse und Fertigkeiten die Praxis.

5.1.4 Prüfung

Viele Weiterbildungsveranstaltungen schließen mit einer Prüfung ab, deren Bestehen dann die Grundlage für die Zertifikatsvergabe und die ggf. daran geknüpften Berechtigungen ist (z.B. Führerscheinprüfung, Meisterprüfung, Sprachzertifikat Englisch). Prüfungen sind Leistungstests (im Regelfall am Ende eines Kurses), bei denen festgelegte Aufgaben unter kontrollierten, festgelegten Bedingungen gelöst werden müssen (vgl. Kniffka 2003, S. 373ff.). Prüfungen weisen einen Rückbezug zum vorangegangenen Lehr-/Lernprozess auf, gehen aber auch darüber hinaus, indem sie sich als Indikator für ein bestimmtes Mindestniveau der speziellen Kompetenz verstehen, nicht aber die Kompetenz direkt messen.

So wird mit dem Bestehen der Führerscheinprüfung testiert, dass der Führerscheininhaber über die nötigen Fertigkeiten und Kenntnisse verfügt, um sich im Straßenverkehr bewegen zu können. Er hat ein Mindestmaß an Fahrkompetenz bewiesen und damit die Berechtigung erlangt, Autos zu fahren. Über die tatsächliche Fahrkompetenz sagt der Führerschein nichts aus. Sie verbessert sich durch Fahrpraxis, durch das Sammeln von speziellen Erfahrungen (z.B. Fahrten im Gebirge, Glatteis) und das Bestehen schwieriger Situationen, sie schwindet auch wieder durch mangelnde Fahrpraxis sowie psychische oder physische Beeinträchtigungen.

Im Unterschied zu den Lernfortschrittskontrollen weisen Prüfungen ein höheres Maß an *Standardisierung* auf, ihre Gestaltung liegt gar nicht oder nur zu einem geringen Teil in den Händen der Lehrenden. Ein nicht unbeträchtlicher Teil der Prüfungen findet sogar extern statt, das heißt, außerhalb der prüfungsvorbereitenden Einrichtung.

Die Prüfungsaufgaben haben jeweils nur Bezug zu einem kleinen Teil der möglichen Praxisanforderungen, so dass ihre Auswahl sehr sorgfältig vorgenommen werden muss. Viele Prüfungen kombinieren verschiedene Anforderungsbereiche miteinander, um so eine größere Genauigkeit bei der Einschätzung des vorhandenen Kompetenzpotenzials zu erzielen (z.B. Gesellenstück, schriftliche und mündliche Prüfung). Vielfach wird versucht, durch Simulation möglichst nah an den realen Handlungskontext heranzukommen. Nur in wenigen Fällen sind reale Praxissituationen Prüfungsbestandteil (z.B. in Form einer Fallstudie im eigenen Betrieb).

Prüfungsbestandteile bzw. das Gesamtergebnis werden mindestens „dichotom skaliert" (Prüfung bestanden/Prüfung nicht bestanden), meist aber auch der üblichen Benotung unterzogen. Damit werden Prüfungsleistungen in eine Rangreihe gebracht oder anhand eines Außenkriteriums (z.B. einer Punkteskala) einer Niveaustufe zugeordnet.

Von besonderem Interesse für die Weiterbildungseinrichtungen und ggf. die separaten Prüfungsinstanzen ist es, die *Voraussagegültigkeit* der Prüfungen mit Blick auf die sich anschließende Performanz über nachgehende *Outcomemessungen* zu überprüfen. Die Prüfungen wären dann ein guter Kompetenzindikator, wenn gute Prüfungsleistungen auch eine wirkungsvolle Praxis nach sich zögen.

5.2 Kompetenz-/Leistungsbeurteilung im Betrieb

Im betrieblichen Kontext spielt die Erfassung, Anerkennung und Bewertung von Kompetenzen bei der Einstellung von Arbeitskräften und Auszubildenden, in der Personalentwicklung und zur Personalbeurteilung eine wichtige Rolle (vgl. Faulstich 1998, S. 209ff.; Biehal 1998, S. 15ff.; Arnold/Bloh 2001, S. 10ff.). Anders als die Weiterbildungseinrichtungen kennen Betriebe die konkreten Arbeitssituationen und Handlungskontexte ihrer Mitarbeiter/innen und können auf dieser Grundlage die Kompetenzbeurteilung vornehmen.

5.2.1 Einstellung

Ein zentraler Aspekt der betrieblichen Personalpolitik ist die Zuführung von Mitarbeiter/inne/n von außen. Es geht darum, solche Personen auszuwählen, die für die zu bewältigenden Anforderungen am besten geeignet sind bzw. das größte Entwicklungspotenzial aufweisen.

In einem ersten Schritt werden die eingegangenen Bewerbungen ausgewertet. Bei diesem Vorgang erweisen sich die *Qualifikationsnachweise* in Form von Zeugnissen, Diplomen und Zertifikaten als wichtiger Signalgeber. Sie werden schon als erster grober *Kompetenzindikator* betrachtet mit der Folge, dass durchgängig schlechte Noten in unterschiedlichen Bildungsgängen als Ausschlusskriterium gelten. Betriebe achten bei der Vorauswahl darüber hinaus auf positive wie negative Besonderheiten bei der Gestaltung der Bewerbungsunterlagen und beim Lebenslauf. So werden z.B. Hobbys, soziales Engagement und Nebenjobs auf mögliche Kompetenzpotenziale hin untersucht.

Im zweiten Schritt geht es dann darum, aus den Eingeladenen jene auszuwählen, denen eine Einstellungszusage gegeben werden soll. Um diese Entscheidung zu fundieren, kommt eine Reihe von Verfahren zum Einsatz (vgl. Biehal 1998, S. 15ff.; Kailer 1998; Westhoff 2006; Westhoff u.a. 2005):

o   Bewerbungsgespräche mit einem oder mehreren Ausgewählten,
o   standardisierte oder betriebsspezifische Tests,
o   Rollenspiele,
o   Probearbeit,
o   Assessment-Center, bei denen meist mehrere der Einzelverfahren kombiniert werden.

Diese Anstrengungen werden unternommen, um Anhaltspunkte sowohl über die fachlichen wie überfachlichen Kompetenzen der Bewerber/innen zu gewinnen. Eingesetzt werden zum Teil langjährig erprobte und bewährte Verfahren mit einem hohen Grad an Differenziertheit. Die Ergebnisse solcher Verfahren sind selten allein maßgeblich für die zu fällende Einstellungsentscheidung. Sie bilden zwar ein wichtiges Element, sind aber vor allem „Unterfutter" für die meist im Diskurs gewonnene Entscheidung der Personalentscheider/innen, die auf der Basis einer erfahrungsbasierten, ganzheitlichen Sichtweise unter Würdigung aller verfügbaren Informationen getroffen wird.

5.2.2 Personalentwicklung

Die Beurteilung der aktuell Beschäftigten erfolgt gewöhnlich „en passant" durch die Vorgesetzten quasi als „teilnehmende Beobachtung". Bei der unmittelbaren Bewältigung von Arbeitsaufgaben wird erkennbar, ob eine Person die erforderlichen Kompetenzen besitzt oder nicht. Der oder die Vorgesetzte oder auch erfahrene Kolleg/inn/en können dann korrigierend eingreifen, können zeigen oder vormachen, wie die Arbeitshandlung korrekt ausgeführt wird. Implizit läuft *eine sich ständig aktualisierende Kompetenzbewertung* mit, wenn Arbeitsteams zusammengestellt oder Arbeitsaufgaben zugeteilt werden.

Neben dieser Fremdeinschätzung findet natürlich auch eine *permanente Selbsteinschätzung* der eigenen Kompetenz statt, die aus erfolgreichen Arbeitshandlungen, aus Schwierigkeiten und aus Vergleichen mit anderen ihre Impulse erhält (vgl. Kuntner-Schweickhardt/Grüner 1998). Infolge solcher Prozesse findet häufig gezieltes Lernen statt: die Konsultation von Kolleg/inn/en oder Vorgesetzten, das Nachschlagen in Fachbüchern oder Fachzeitschriften, das Beobachten von Kolleg/inn/en oder Vorgesetzten oder der Besuch von Weiterbildungsveranstaltungen. Umgangssprachlich sagt man auch, „jemand wachse an seinen Aufgaben". Dieses *Lernen am Arbeitsplatz* wird von vielen Autor/inn/en als zentrale Kategorie der beruflichen Kompetenzentwicklung überhaupt angesehen, das durch die anderen organisierten Formen nur gestützt werden könne (vgl. Bergmann 1996; Baitsch 1998; Dehnbostel 2001).

Bei vielen Betrieben, im Besonderen bei den Großbetrieben, hat sich darüber hinaus ein *formalisiertes Bewertungssystem* etabliert. Die damit betriebene Personalentwicklung gründet sich im Regelfall auf ein- oder wechselseitig vorgenommene Einstufungen in Kompetenzlisten, auf zusammenfassende schriftliche Beurteilungen und auf Gespräche zwischen Mitarbeiter/inne/n und Vorgesetzten.

Derartige Aktivitäten finden regelmäßig statt (meist jährlich oder halbjährlich) und sind Ausgangspunkt für *Personalentwicklungsmaßnahmen* (z.B. Weiterbildung, Job-Rotation). Auch bei diesen Prozessen werden elaborierte Instrumente zum Einsatz gebracht, die aber ähnlich wie bei den Auswahlverfahren bei Neueinstellungen Grundlage für das darauf aufbauende Gespräch sind. Im Zentrum steht das Sich-Bewähren der Beschäftigten am Arbeitsplatz und die dabei sichtbar gewordenen Stärken und Schwächen.

Bei einigen Maßnahmen der Personalentwicklung wird gezielt Kompetenzdiagnose mit Kompetenzentwicklung verknüpft. Das ist zum Beispiel der Fall beim *Coaching*: In einem ersten Schritt identifiziert der „Coach" (meist eine erfahrene Führungskraft oder ein/e externe/r Berater/in) beim „Coachee" (häufig Nachwuchskräfte oder Mitarbeiter/innen, die in Führungsaufgaben „hineinwachsen" sollen) Stärken und Schwächen. Auf dieser Grundlage wird versucht, durch reflektierende Gespräche, durch gezielte Praxiseinsätze, durch Anregungen für Weiterbildungsmaßnahmen oder durch Betrauung mit anspruchsvollen neuen Aufgaben Stärken auszubauen und Schwächen zu reduzieren. In eine ähnliche Richtung zielen Maßnahmen wie *Job-Rotation*, *Trainee-Programme* oder die *Einarbeitung am Arbeitsplatz*. In allen Fällen werden die Kompetenzprofile der Mitarbeiter/innen als Ausgangspunkt genommen, um sie durch gezielte Maßnahmen in eine Richtung auszuformen, die den betrieblichen Anforderungen entspricht bzw. besser entspricht.

Versuche, auch solche Kompetenzen der Mitarbeiter/innen zu erfassen, die außerbetrieblich erworben bzw. eingesetzt werden, befinden sich noch im Anfangsstadium und stoßen auch nicht auf ungeteilte Zustimmung. Arbeitgeberseitig werden der damit verbundene Erfassungsaufwand und die ggf. entstehenden Lohn- und Gehaltsansprüche angeführt, arbeitnehmerseitig die Gefahr der allseitigen Verfügbarkeit, die Befürchtung, dass die Grenzen zwischen Privat- und Berufsleben sich verwischen und der Hinweis auf den Datenschutz (vgl. DIE/DIPF/IES 2004, S. 95).

5.2.3 Betriebliche Weiterbildung

Ein wichtiges Element von Personalentwicklung ist die betriebliche Weiterbildung (vgl. Faulstich 1998; Weiß 1998; Wittwer/Witthaus 2000). Sie wird eingesetzt, um erkannte Kompetenzdefizite abzubauen oder um schon vorhandene Stärken auszubauen. Dabei wird durch die Vermittlung von Kenntnissen und Fertigkeiten das *Kompetenzpotenzial* erweitert.

> **BEISPIEL**
>
> Junge Führungskräfte werden in Rhetorik und Moderationstechniken unterwiesen, um, ausgestattet mit diesem „Handwerkzeug", den Anforderungen eines mittleren Managers besser gewachsen zu sein. Junge Friseure und Friseurinnen besuchen Fortbildungen zu neuen Schnitt- und Färbetechniken, um den differenzierten Kundenerwartungen besser entsprechen zu können. Heizungsbauer orientieren sich in Seminaren zu Fragen der Solartechnologie, um wettbewerbsfähig zu bleiben und neue Marktsegmente zu erschließen.

Die Weiterbildung in Betrieben steht vom Prinzip her vor ähnlichen Herausforderungen wie die oben beschriebenen Weiterbildungseinrichtungen: Vor Beginn einer Weiterbildungsmaßnahme ist eine Kompetenzdiagnose vorzunehmen und nach der Veranstaltung ist der Kompetenzzuwachs zu messen bzw. sichtbar oder plausibel zu machen. Die Betriebe haben es aber sowohl bei der Kompetenzdiagnose als auch bei der nachgehenden Kompetenzmessung vergleichsweise leichter als Weiterbildungseinrichtungen, weil sie einfach und schnell bspw. über die Einschätzung der Vorgesetzen Auskünfte über die Ausgangsperformanz und die geänderte Performanz nach der Weiterbildung erhalten können.

Die betriebliche Weiterbildung steht aber auch unter einem starken Legitimationsdruck, der Leitung oder dem Controlling nachzuweisen, dass die für Fort- und Weiterbildungsmaßnahmen aufgewendeten Ressourcen tatsächlich einen Effekt hatten, dass die Erträge aus dem mit der Weiterbildung bewirkten Kompetenzzuwachs möglichst größer sind als die dabei entstandenen Kosten.

5.2.4 Arbeitszeugnis

Beim Ausscheiden von Mitarbeiter/inne/n findet in Form des Arbeitszeugnisses im Regelfall eine summarische Bewertung der Arbeitsleistung statt. Auf Verlangen des Beschäftigten muss das *Zeugnis in qualifizierter Form* erstellt werden. Danach sind alle während des Beschäftigungsverhältnisses erbrachten Leistungen nach Art und Dauer zu dokumentieren und eine Verhaltensbeurteilung vorzunehmen (vgl. Beden/Janßen 2005, S. 19). Der Arbeitgeber ist verpflichtet, ein vollständiges und klares Bild des Beschäftigten zu vermitteln. Von dieser weitgehenden Möglichkeit wird indes nur selten Gebrauch gemacht, weil Arbeitgeber und Arbeitnehmer/innen offensichtlich den rechtlichen Spielraum nicht kennen oder nicht wahrnehmen (vgl. DIE/DIPF/IES 2006, S. 170ff.; Beden/Janßen 2005, S. 25ff.).

Eine Ergänzung zum Arbeitszeugnis bieten für den ausscheidenden Beschäftigten Bewertungen, die arbeitsprozessbegleitend erfolgen. Zu nennen sind hier die Protokolle und ausgefüllten Fragebogen aus den Mitarbeitergesprächen, Belobigungs- oder Dankschreiben, wie sie aus Anlass besonderer Anstrengungen oder Belastungen verschickt werden und natürlich betriebsintern erstellte Nachweise über Teilnahmen an Qualifizierungsmaßnahmen.

Die Aufzählung und Beschreibung der ausgeübten Tätigkeiten und Aufgaben im Arbeitszeugnis ist für zukünftige Arbeitgeber ein deutlicher Hinweis auf hierzu erforderliche Kompetenzen. Die Bewertung der Ausführung dieser Tätigkeiten ist dagegen schwerer zu interpretieren, weil arbeitsrechtlich negative oder abqualifizierende Äußerungen nicht zulässig sind. Es hat sich allerdings eine *Zeugnissprache* herausgebildet, die über Formulierungen Einstufungen zum Ausdruck bringt. So entspricht der Satz „Seine Leistungen haben in jeder Hinsicht unsere volle Anerkennung gefunden" der Note „sehr gut", während der Passus „Er hat nach Kräften versucht, die Leistungen zu erbringen, die wir an diesem Arbeitsplatz fordern müssen" die Note „ungenügend" signalisiert. Da viele Personen diesen Code kennen, muss der Zeugnis ausstellende Betrieb seine jeweilige Formulierung mit Fakten und nachvollziehbaren Begründungen unterfüttern können, zumal dann, wenn arbeitsgerichtliche Auseinandersetzungen nicht auszuschließen sind.

5.3 Kompetenzmessungen in der Forschung

Anders als in Weiterbildungseinrichtungen und in Betrieben, wo es häufig um grob kategorisierende Kompetenzerfassungen geht, ist die Anforderung an die Genauigkeit der Kompetenzmessung im Forschungsbereich deutlich höher. Zentral ist die Einhaltung der Gütekriterien Objektivität, Reliabilität und Validität. Des Weiteren ist die Reichweite der Schlussfolgerungen aus wissenschaftlichen Kompetenzmessungen häufig größer als bei den meist mit individuellem Bezug durchgeführten Kompetenzmessungen in den anderen Bereichen.

5.3.1 Entwicklung von Diagnoseinstrumenten

Es ist in den vorangegangenen Abschnitten schon mehrfach darauf hingewiesen worden, dass in der Praxis standardisierte Testverfahren eingesetzt werden, um die eigenen, eher subjektiven Einschätzungen zu ergänzen oder zu komplettieren. Dabei greifen Weiterbildungseinrichtungen oder Betriebe vielfach auf bereits vorliegende und erprobte Messverfahren zurück, da sie nicht in der Lage sind, ein wissenschaftlichen Ansprüchen genügendes Verfahren selbst zu entwickeln und zu implementieren.

Die Entwicklung solcher *Diagnoseinstrumente* ist vor allem bei Kompetenzarten wirtschaftlich, die häufig erhoben werden oder deren Erfassung mit besonderen Schwierigkeiten behaftet ist. Dies sind vor allem die überfachlichen Kompetenzen (Sozial-, Methoden- und personale Kompetenzen etc.) oder weitverbreitete Fachkompetenzen (Fremdsprachen- oder EDV-Kompetenz). Häufig richtet sich das Diagnoseinstrument auch nur auf eine Teilkomponente der Kompetenz: So erfasst zum Beispiel die theoretische Prüfung bei Fahrschulen Kenntnisse und ein Persönlichkeitstest Handlungsdispositionen. Diese Begrenztheit der Aussagekraft führt dann z.B. in der betrieblichen Praxis dazu, dass die Ergebnisse nicht allein maßgeblich sind, sondern nur in Verbindungen mit anderen Befunden interpretiert werden.

Die Entwicklung eines marktfähigen Diagnoseinstruments setzt umfangreiche Vorarbeiten voraus. So müssen die verwendeten Begriffe trennscharf definiert und theoretisch rückgebunden werden. Die verwendeten Items müssen validiert und kalibriert werden, das Instrument wird auf seine Objektivität und Reliabilität getestet. Schließlich finden Probeläufe und Praxistests statt.

BEISPIEL

Bekannte Testverfahren sind:

- das Persönlichkeitsinventar zur Integritätsabschätzung (PIA) (vgl. Mussel 2003),

- das Lernpotential-Assessment Center (vgl. Sarges 2003) oder

- das Kasseler Kompetenz-Raster (vgl. Kauffeld/Grote/Frieling 2003).

Einen Überblick über die Vielzahl von gebräuchlichen Kompetenzerfassungsverfahren liefert das Handbuch Kompetenzmessung (vgl. Erpenbeck/v. Rosenstiel 2003a). Eine Reihe dieser Verfahren ist auch über das Internet abrufbar und online anwendbar.

Die Aussagekraft von standardisierten kompetenzdiagnostischen Verfahren ist nicht eindeutig zu bewerten. Eine Zusammenstellung von Moser (2003, S. 45) kommt für eine Reihe berufseignungsdiagnostischer Verfahren zu einem uneinheitlichen Bild: Einige Tests liefern offenbar gute *Prädiktoren* für den späteren Ausbildungs- bzw. Berufserfolg, andere versagen.

Neben diesen instrumentell ausgerichteten Anstrengungen findet auch die grundlagenwissenschaftliche Analyse von Kompetenzmessung zunehmend Beachtung. Besonders hervorzuheben ist der Forschungsschwerpunkt „Kompetenzdiagnostik" bei der Deutschen Forschungsgemeinschaft (DFG) (vgl. Klieme/Leutner 2006 und http://kompetenzmodelle.dipf.de/de). Ähnlich ambitioniert ist die Idee eines deutschen Bildungspanels, das mit Unterstützung des BMBF und der Länder wissenschaftsbasiert über DFG-Mittel entwickelt werden soll und Kompetenzmessungen bei allen Altersgruppen der Bevölkerung umfasst (vgl. BMBF 2006, S. 4 und 15 und www.uni-bamberg.de/neps).

5.3.2 Vergleich

Besonders in den vergangenen Jahren hat sich eine Funktion von Datenerhebungen in den Vordergrund geschoben: das *Benchmarking*. Dabei geht es darum, aus dem Vergleich von Einrichtungen, Gruppen und Regionen Aufschluss über die jeweiligen Stärken und Schwächen zu gewinnen. In einem nächsten Schritt können dann Ursachen erforscht werden; d.h., es geht um das Aufspüren der für die Unterschiede verantwortlichen Faktoren. Schließlich mündet das Benchmarking in Steuerungsüberlegungen, in das Konzipieren von Handlungsoptionen und -notwendigkeiten. Im Koalitionsvertrag zwischen CDU, CSU und SPD wird dieser Aspekt plastisch auf den Punkt gebracht: „Wer sich verbessern will, muss wissen, wo er steht" (2005, S. 33).

Derartige Benchmarkingprozesse sind methodisch grundsätzlich sehr anspruchsvoll. Die methodischen Herausforderungen liegen vor allem in den folgenden Aspekten (vgl. auch Klös/Weiß 2003, S. 10):

o theoretische Fundierung der Untersuchung mit der Explikation der vermuteten Wirkungszusammenhänge,
o Auswahl geeigneter und aussagekräftiger Indikatoren,
o sprachlich und inhaltlich vergleichbare Umsetzung der Itembildung,
o Einheitlichkeit der Erhebungsbedingungen.

Eine herausgehobene Bedeutung wird in diesem Zusammenhang dem *internationalen Vergleich* eingeräumt, der immer mehr auch von den supranationalen Organisationen wie EU und OECD eingefordert wird. Benchmarkingprozesse mit anderen Staaten und damit auch mit anderen Bildungssystemen sollen spezifische Stärken und Schwächen des nationalen Systems aufdecken helfen und dadurch Anregungen und Impulse für Bildungsreformen liefern (vgl. Klös/Weiß 2003; Ioannidou 2006; Konsortium Bildungsberichterstattung 2006). Dies ist prototypisch durch die Ergebnisse der PISA-Erhebungen und ihre breite Erörterung in Deutschland geschehen.

Das Beispiel PISA macht deutlich, dass Leistungs- bzw. Kompetenzmessungen bei einer weltweit zu beobachtenden *Outcomeorientierung* von Bildung eine herausgehobene Bedeutung erlangen. Deshalb sind in den letzten Jahren vielfältige Anstrengungen in diesem Feld unternommen worden.

International vergleichende Kompetenzerhebung

International vergleichende Kompetenzerhebungen sind ALL (Adult Literacy and Life Skills Survey) oder der vor einigen Jahren von der OECD angestoßene PIAAC-Prozess (Programme for the International Assessment of Adult Competencies), der im Ergebnis dazu führen soll, dass spätestens im Jahr 2010 weltweit eine Erhebung bei Erwachsenen durchgeführt wird (siehe ausführlich Abschnitt 7.1).

Internationale Erhebungen haben eine extrem lange Vorlaufzeit von mehreren Jahren, weil zusätzlich zu den im Zusammenhang mit der Entwicklung von Diagnoseinstrumenten beschriebenen Arbeiten noch die Sicherstellung des internationalen Vergleichs methodisch geleistet werden muss. Die internationalen Entwicklungsteams, die diese sogenannten large-scale assessments vorbereiten, sind hoch spezialisiert und differenziert.

5.3.3 Analyse/Erklärung

Die vehemente Hinwendung zur Leistungsmessung und damit zur Lernerfolgsbeurteilung findet ihre Entsprechung besonders in der auf Schule gerichteten Bildungsforschung, die, angeregt durch die PISA-Studie, nunmehr auch die Frage aufnimmt, welche Bedingungen Lernerfolg positiv oder negativ beeinflussen. Damit rücken für Schule und Weiterbildung gleichermaßen Untersuchungskomplexe ins Zentrum des Interesses, die sich mit den Auswirkungen unterschiedlicher Bildungssysteme, institutioneller Konstellationen und didaktischer Arrangements auseinandersetzen. Zu betonen ist, dass für eine befriedigende Beantwortung der aufgeworfenen Fragen ein verlässliches Instrumentarium zur Lernerfolgsmessung bzw. Kompetenzerfassung zur Verfügung stehen muss.

Dabei kann auf geeichte Instrumente und auf Erfahrungen bei Großerhebungen wie PISA oder ALL zurückgegriffen werden. Aufbauend auf solchen und ergänzt um ganzheitlich ausgerichtete Messkonzepte, wie sie zum Beispiel in Betrieben und Bildungseinrichtungen zur Anwendung kommen, ließe sich dann das Bedingungsgefüge von Lernen bzw. Lernerfolg untersuchen. Dabei liefern die Lerntheorien und Konzepte wie das von Illeris (2006) oder explorativ gewonnene Hypothesen wie die von Siebert (2006b) oder Kotthoff (2006) das Grundgerüst für die Identifikation von Lernerfolgsfaktoren. Ihre Präzisierung und Operationalisierung sind methodisch ebenso anspruchsvoll wie die Leistungsmessung selbst.

Zu erwarten ist, dass auch die Erhebung der benannten Variablen vielfältige Fehlerquellen birgt. So ist mit Wechselwirkungen zu rechnen, mit intervenierenden Variablen, mit Verzerrungen durch die Erhebungssituation etc. Die Ergebnisse solcher Untersuchungen sind angreifbar und ausdeutungsfähig, sie sind aber immer ein erster Schritt zur Entwicklung von aussagekräftigeren Theorien bzw. Hypothesen und ein erster Schritt zu verbesserten Messkonzepten.

Die wissenschaftliche Analyse des Lernens – seiner Voraussetzungen, seiner Rahmenbedingungen und seiner Wirkungen – ist ein zentraler Forschungsbedarf in einer Gesellschaft, die auf „gelungenen" Lernprozessen aufbaut mit den daraus resultierenden ökonomischen, gesellschaftlichen und persönlichen Folgen.

ZUR REFLEXION

- Überlegen Sie, in welchen Lebensbereichen außerhalb des Bildungssystems, der Forschung und der Betriebe Kompetenzeinschätzungen vorgenommen werden.

- Was halten Sie von der Idee eines deutschen Bildungspanels, zyklisch bei allen Deutschen von Kindesbeinen an Kompetenzmessungen durchzuführen?

- Verschaffen Sie sich über das Internet oder Literatur Zugang zu einem Test und führen Sie ihn durch. Wie bewerten Sie den Testaufbau, die Testdurchführung und ihr persönliches Testergebnis?

- Verschaffen Sie sich einen Überblick über die gängigen betrieblichen Verfahren zur Personalbeurteilung.

- Befragen Sie eine Lehrkraft nach ihrer Bewertungspraxis und diskutieren sie diese vor dem Hintergrund ihrer gewachsenen Kompetenzbeurteilungs-Kompetenz.

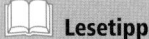 **Lesetipp**

Erpenbeck, J./Rosenstiel, L.v. (2003): Handbuch Kompetenzmessung. Stuttgart

6. Instrumente zur Erfassung und zum Vergleich von Kompetenzen und Qualifikationen

Im Folgenden werden einige Instrumente vorgestellt, die in unterschiedlichen Anwendungsfeldern zur Kompetenzerfassung eingesetzt werden. Hinzu kommen Konzepte, die das Ziel verfolgen, Qualifikationen und/oder Kompetenzen vergleichbar zu machen. Mit diesen konkreten Beispielen sollen die bisherigen Ausführungen illustriert und vertieft werden. Die Beispiele decken ein breites Spektrum ab und reichen in ihrer Zielsetzung vom Bewusstmachen von Kompetenzen bis hin zur quantifizierenden Messung. Um die Zuordnung und Charakterisierung der Beispiele zu erleichtern, liefert Tabelle 1 einige Hinweise:

Beispiel	Funktion	Thema/Domäne	Skalenqualität	Einsatzfeld
ProfilPASS	Bewusstmachung von Kompetenzen	umfassend	nominal (max. ordinal)	Beratung, Unterricht, Reflexion
EU-Sprachen-portfolio	Einstufung von Kompetenzen	Fremdsprachen	ordinal	Beratung, Diagnostik, Reflexion
European Qualifications Framework (EQF)	Einstufung/ Zuordnung von Kompetenzen und Qualifikationen	umfassend	ordinal	Vergleich, Anerkennung
WELEDA	Beurteilung und Einschätzung von Kompetenzen	arbeitsplatz-bezogene Anforderungen	nominal (max. ordinal)	Personal-beurteilung
„Big Five"	Persönlichkeits-beurteilung	Dispositionen	intervallskaliert	Reflexion Diagnostik
DIALANG	Quantifizierung von Kompetenzen	Fremdsprachen	intervall- bzw. ratioskaliert	Selbsteinstufung, Leistungs-diagnose, Leistungstest
Adult Literacy and Lifeskills Survey (ALL)	Quantifizierung von Kompetenzen	Lesen Rechnen/ Alltagsmathematik Problemlösen	ratioskaliert	Vergleich, wissenschaftliche Analyse, Politikberatung

Tabelle 1: Instrumente zur Kompetenzerfassung

6.1 ProfilPASS

6.1.1 Genese

Im Rahmen des BLK-Modellversuchsprogramms „Lebenslanges Lernen" wurden die beiden BLK-Verbundprojekte „Qualitätstestierung in der Weiterbildung" und „Weiterbildungspass mit Zertifizierung informellen Lernens" als länderübergreifende innovative Projektlinien entwickelt, die aufbauend auf eine einjährige Forschungs- und Entwicklungsphase in eine vierjährige Erprobungs- und Evaluationsphase mündeten. Nach einer EU-weiten Ausschreibung wurde im BLK-Verbundprojekt „Weiterbildungspass mit Zertifizierung informellen Lernens" ab April 2002 ein Konsortium mit einer Machbarkeitsstudie beauftragt. Das Konsortium bestand aus dem Deutschen Institut für Internationale Pädagogische Forschung (DIPF), dem DIE und dem Institut für Entwicklungsplanung und Strukturforschung an der Universität Hannover (*ies*). Finanziert wurde das Projekt aus Mitteln des BMBF und des Europäischen Sozialfonds (ESF). Die Federführung für elf Bundesländer (Bayern, Berlin, Brandenburg, Bremen, Hamburg, Hessen, Mecklenburg-Vorpommern, Nordrhein-Westfalen, Rheinland-Pfalz, Saarland, Schleswig-Holstein) übernahm das Saarland. Die Machbarkeitsstudie wurde im Herbst 2003 fertiggestellt (vgl. DIE/DIPF/IES 2004).

6.1.2 Grundkonzept

In der Machbarkeitsstudie wurden die unterschiedlichen, in Deutschland eingesetzten Kompetenzpässe und ausgewählte Beispiele der Kompetenzdokumentation im betrieblichen und außerbetrieblichen Kontext analysiert. Zudem wurden Untersuchungsbefunde sowie nationale und internationale Erfahrungen unter Berücksichtigung der rechtlichen, politischen und gesellschaftlichen Rahmenbedingungen zusammengestellt. Auf dieser Grundlage benennt die Machbarkeitsstudie folgende Strukturelemente für ein Referenzmodel (vgl. ebd., S. 151f.):

o   Weiterbildungspässe sollen zum einen ein Instrument zur Sammlung und Dokumentation bisheriger Lernprozesse und Kompetenzen sein – seien sie innerhalb oder außerhalb formaler Kontexte erworben. Zum anderen sollen sie ein Instrument zur Bilanzierung der Bildungs-, Lern- und Tätigkeitsbiographie sein und darüber hinaus Hilfe und Motivation zur weiteren Lern-, Lebens- und Laufbahnplanung bieten.

o   Weiterbildungspässe sollen den Blick gleichermaßen auf formale, non-formale und informelle Lernprozesse lenken. Deshalb sollen in die Dokumentation Abschlüsse, Zertifikate, Nachweise, Bescheinigungen und Tätigkeitsbeschreibungen aus den Bereichen Schule, Ausbildung, Erwerbstätigkeit, Familie, Ehrenamt und Freizeit aufgenommen werden können.

o   Weiterbildungspässe sollen ein Instrument in der alleinigen Verfügbarkeit des Individuums sein. Die Passinhaber/innen entscheiden allein darüber, ob Passinhalte weitergegeben werden. Schon aus diesem Grunde sollte ein Weiterbildungspass als Sammelmappe in Papier- und Onlinefassung ergänzungsoffen angelegt sein.

o   Weiterbildungspässe sollen sich mittelfristig allein finanzieren, d.h. die Nutzerinnen und Nutzer kommen für die anfallenden Kosten auf.

o   Weiterbildungspässe sollen optisch ansprechend und leicht handhabbar sein. Sie sollen einen einprägsamen Namen erhalten.

o   Weiterbildungspässe sollen zielgruppenunabhängig und mehrsprachig sein (Deutsch plus eine Fremdsprache).

o   Weiterbildungspässe sollen offen für Selbst- und Fremdeinschätzungen sein. Selbsteinschätzungen sollten sich neben der Selbstwahrnehmung der Lernprozesse und der erworbenen Kompetenzen vor allem auch dadurch auszeichnen, dass die Rahmenbedingungen beschrieben werden, aus denen die Anforderungen ersichtlich sind, die die Passinhaber/innen zu bewältigen hatten.

o   Die Passinhaber/innen sollen durch ein Beratungsangebot individuelle Unterstützung finden (besonders bei der Bilanzierung und Reflexion).

6.1.3 Handhabung

Diese Strukturelemente und Verwendungsperspektiven fanden Eingang in das im Folgenden skizzierte Modell, welches den Namen ProfilPASS trägt (vgl. ProfilPASS 2006).

Der ProfilPASS gliedert sich in fünf Abschnitte:

Abschnitt 1:   Mein Leben – ein Überblick

Abschnitt 2:   Meine Tätigkeitsfelder – eine Dokumentation

  o Hobbys und Interessen
  o Haushalt und Familie
  o Schule
  o Berufsausbildung
  o Wehrdienst, Zivildienst, Freiwilliges soziales Jahr
  o Arbeitsleben, Praktika, Jobs
  o Politisches und soziales Engagement/Ehrenamt
  o Besondere Lebenssituationen

Abschnitt 3:   Meine Kompetenzen – eine Bilanz

Abschnitt 4:   Meine Ziele und die nächsten Schritte

Abschnitt 5:   ProfilPASS Plus (u.a. Hinweise zu Bewerbungen, Sammlung von Zeugnissen, Bescheinigungen und anderen Dokumenten)

In einem mehrstufigen Verfahren werden Kompetenzen identifiziert und dem Passinhaber bewusst gemacht. Im ersten Abschnitt werden Tätigkeiten in Erinnerung gerufen und beschrieben, die für den Betroffen wichtig waren oder vielleicht einfach nur Spaß gemacht haben. Im zweiten Abschnitt wird herausgearbeitet, welche Kenntnisse und Fähigkeiten nötig waren, um die genannten Tätigkeiten auszuführen. Schließlich werden im dritten Abschnitt die Kenntnisse und Fähigkeiten mithilfe einer vierstufigen Skala bewertet (vgl. Tab. 2):

Niveau A	Ich kann es mithilfe einer anderen Person oder einer schriftlichen Anleitung tun.
Niveau B	Ich kann es ohne Hilfe einer anderen Person oder einer schriftlichen Anleitung, das heißt selbstständig tun.
Niveau C1	Ich kann es selbstständig auch in einem anderen Zusammenhang tun.
Niveau C2	Ich kann es selbstständig auch in einem anderen Zusammenhang tun und kann es anderen Menschen vormachen oder erklären.

Tabelle 2: Skala zur Einschätzung von Kompetenzen (Quelle: ProfilPASS 2006, S. 16)

Am Ende des beschriebenen Prozesses steht die Auseinandersetzung mit der Frage, inwieweit die herausgearbeiteten Kompetenzen bei der weiteren Lebensplanung Berücksichtigung finden sollen, ob sie zum Beispiel ausreichen oder ausgebaut werden müssen, um die ins Auge gefassten beruflichen bzw. privaten Ziele zu erreichen.

Die zum Teil sehr komplexe Kompetenzgenese dürfte viele Passinhaber/innen überfordern, was den Abbruch der Selbsteinschätzung oder suboptimale Ergebnisse zur Folge haben könnte. Daher ist die *Beratung* durch eine professionelle Fachkraft zentraler Bestandteil des ProfilPASS-Konzepts.

Leitlinien ProfilPASS

Die ProfilPASS-Beratung versteht sich als Angebot und orientiert sich an den folgenden Leitlinien:

- Teilnehmerorientierung,
- Unterstützung bei der Selbststeuerung,
- Verfahrenstransparenz,
- Biographiebezug,
- Kompetenzorientierung,
- Reflexionsorientierung,
- Lerninteressenorientierung,
- Sicherung lern- und lebensbiographischer Kontinuität.

Das Konzept wurde in einer ca. einjährigen Erprobungsphase getestet und weiterentwickelt (vgl. DIE/DIPF/IES 2006). Als eine Quintessenz der Evaluation wird festgehalten, dass der ProfilPASS in der Bewertung durch die Nutzenden überwiegend positiv eingeschätzt wird (vgl. ebd., S. 16). Vorgeschlagen werden des Weiteren eine Reihe von

Modifikationen, die sich zum Beispiel auf eine zielgruppengerechtere Gestaltung oder auf eine EDV-gestützte Version richten (ProfilPASS online) (vgl. ebd., S. 187ff.).

Ein großer Teil dieser Überlegungen ist inzwischen umgesetzt worden. So gibt es seit 2007 einen ProfilPASS *für junge Menschen* mit einer eigenständigen Internetpräsenz: www.profilpass-fuer-junge-menschen.de.

Die Homepage des ProfilPASSes mit weiteren wichtigen Informationen rund um das ProfilPASS-System mit allen Beratungsstellen, Kursangeboten und geplanten Veränderungen finden Sie hier: www.profilpass-online.de.

Seit September 2009 arbeitet ein aus DIE und dem *ies* bestehendes wissenschaftliches Konsortium an einem neuen Projekt: „ProfilPASS in der Wirtschaft". Das Projekt, welches vom BMBF und ESF gefördert wird, hat zum Ziel, den ProfilPASS in Unternehmen zu erproben und zu evaluieren. Ebenfalls sollen Menschen bei der Planung ihrer beruflichen Entwicklung, bei der Vorbereitung des (Wieder-)Eintritts ins Erwerbsleben, bei der beruflichen und persönlichen (Neu-)Orientierung und der Planung zukünftiger Lernvorhaben unterstützt werden.

6.2 Europass mit Europäischem Sprachenportfolio

6.2.1 Genese

Am 15. Dezember 2004 beschlossen das Europäische Parlament und der Europäische Rat ein einheitliches gemeinschaftliches „Rahmenkonzept zur Förderung der Transparenz bei Qualifikationen und Kompetenzen (Europass)" und setzten damit mehrere vorangegangene Richtungsbeschlüsse in die Tat um (z.B. den Aktionsplan zur Förderung der Mobilität) (vgl. Europäisches Parlament/Rat 2004). Ein zentrales Element dieses Konzepts ist der Sprachenpass, der im Kern auf den vom Europarat entwickelten gemeinsamen europäischen Referenzrahmen für Sprachen abstellt (vgl. auch v. der Handt 2008).

6.2.2 Grundkonzept und Handhabung

Das Europass-Rahmenkonzept besteht insgesamt aus fünf Dokumenten:
1. dem Europäischen Lebenslauf,
2. dem Mobilitätsnachweis,
3. dem Diploma-Supplement (Erläuterungen zum Abschlusszeugnis),
4. der Zeugniserläuterung und
5. dem Sprachenpass.

Mit dem Gesamtinstrumentarium soll die Vergleichbarkeit von Kompetenzen und Qualifikationen in Europa erhöht werden, um so die Mobilität zwischen den Mitgliedsstaaten zu erhöhen (vgl. InWEnt 2005).

Der Sprachenpass ist ein *Instrument der Selbsteinschätzung* von Fremdsprachenkompetenzen. Die Einstufung wird durch ein Raster zur Selbstbeurteilung, dem vom Europarat entwickelten europäischen Referenzrahmen, gestützt und erleichtert. Es besteht aus 30 *Deskriptoren*, die für die Bereiche „Hören", „Lesen", „an Gesprächen teilnehmen", „zusammenhängendes Sprechen" und „Schreiben" jeweils sechs Niveaustufen über ausführbare Tätigkeiten (Akte) beschreiben (vgl. Tab. 3).

6.2.3 Einschätzung

Mit solchen Deskriptoren wird die „Willkürlichkeit" der Selbsteinstufung abgemildert, aber nicht gänzlich aufgehoben. Hervorzuheben ist, dass alle Dimensionen des Sprachvermögens in den Blick genommen werden und auf konkrete Handlungskontexte Bezug genommen wird. Damit stellt dieses Instrument auf die Erfassung von Kompetenzen ab, die dimensioniert und in Niveaustufen gegliedert werden. In Verbindung mit einem Sprachtest wie DIALANG (vgl. Kap. 6.6) ermöglicht es zudem eine Überprüfung der Selbsteinschätzung und schärft so das eigene Urteilsvermögen.

6.3 Europäischer Qualifikationsrahmen

6.3.1 Genese

Im Zusammenhang mit den Anstrengungen zur Durchsetzung des *Konzepts vom Lebenslangen Lernen* und der damit einhergehenden Neubewertung non-formal und informell erworbener Kompetenzen wird versucht, Qualifikationen und Kompetenzen zu vergleichen bzw. vergleichbar zu machen. Dabei spielt der Europäische Qualifikationsrahmen (European Qualifications Framework – EQF) eine zentrale Rolle, der mit Beschluss des Europäischen Parlaments und des Rates vom 23. April 2008 den Mitgliedsstaaten zur Anwendung empfohlen wird (vgl. Europäisches Parlament/Rat 2008 und Europäische Kommission 2008). Deutschland hat auf die europäische Initiative hin mit der Entwicklung eines Deutschen Qualifikationsrahmens (DQR) reagiert, dessen erster Entwurf im Februar 2009 vorgelegt worden ist (vgl. Arbeitskreis Deutscher Qualifikationsrahmen 2009).

6.3.2 Grundkonzept

Der Europäische Qualifikationsrahmen enthält eine *Zuordnungsmatrix*, die acht Niveaustufen mit drei Lernergebnisbereichen (learning outcomes) kombiniert; diese sind: Kenntnisse, Fertigkeiten und Kompetenzen (vgl. Europäisches Parlament/Rat 2008, S. 5f.).

		A1	A2	B1
Verstehen	Hören	Ich kann vertraute Wörter und ganz einfache Sätze verstehen, die sich auf mich selbst, meine Familie oder auf konkrete Dinge um mich herum beziehen, vorausgesetzt es wird langsam und deutlich gesprochen.	Ich kann einzelne Sätze und die gebräuchlichsten Wörter verstehen, wenn es um für mich wichtige Dinge geht (z.B. sehr einfache Informationen zur Person und zur Familie, Einkaufen, Arbeit, nähere Umgebung). Ich verstehe das Wesentliche von kurzen, klaren und einfachen Mitteilungen und Durchsagen.	Ich kann die Hauptpunkte verstehen, wenn klare Standardsprache verwendet wird und wenn es um vertraute Dinge aus Arbeit, Schule, Freizeit usw. geht. Ich kann vielen Radio- oder Fernsehsendungen über aktuelle Ereignisse und über Themen aus meinem Berufs- oder Interessengebiet die Hauptinformation entnehmen, wenn relativ langsam und deutlich gesprochen wird.
	Lesen	Ich kann einzelne vertraute Namen, Wörter und ganz einfache Sätze verstehen, z.B. auf Schildern, Plakaten oder in Katalogen.	Ich kann ganz kurze, einfache Texte lesen. Ich kann in einfachen Alltagstexten (z. B. Anzeigen, Prospekten, Speisekarten oder Fahrplänen) konkrete, vorhersehbare Informationen auffinden und ich kann kurze, einfache persönliche Briefe verstehen.	Ich kann Texte verstehen, in denen vor allem sehr gebräuchliche Alltags- oder Berufssprache vorkommt. Ich kann private Briefe verstehen, in denen von Ereignissen, Gefühlen und Wünschen berichtet wird.
Sprechen	An Gesprächen teilnehmen	Ich kann mich auf einfache Art verständigen, wenn mein Gesprächspartner bereit ist, etwas langsamer zu wiederholen oder anders zu sagen, und mir dabei hilft zu formulieren, was ich zu sagen versuche. Ich kann einfache Fragen stellen und beantworten, sofern es sich um unmittelbar notwendige Dinge und um sehr vertraute Themen handelt.	Ich kann mich in einfachen, routinemässigen Situationen verständigen, in denen es um einen einfachen, direkten Austausch von Informationen und um vertraute Themen und Tätigkeiten geht. Ich kann ein sehr kurzes Kontaktgespräch führen, verstehe aber normalerweise nicht genug, um selbst das Gespräch in Gang zu halten.	Ich kann die meisten Situationen bewältigen, denen man auf Reisen im Sprachgebiet begegnet. Ich kann ohne Vorbereitung an Gesprächen über Themen teilnehmen, die mir vertraut sind, die mich persönlich interessieren oder die sich auf Themen des Alltags wie Familie, Hobbys, Arbeit, Reisen, aktuelle Ereignisse beziehen.
	Zusammen-hängendes Sprechen	Ich kann einfache Wendungen und Sätze gebrauchen, um Leute, die ich kenne, zu beschreiben und um zu beschreiben, wo ich wohne.	Ich kann mit einer Reihe von Sätzen und mit einfachen Mitteln z. B. meine Familie, andere Leute, meine Wohnsituation, meine Ausbildung und meine gegenwärtige oder letzte berufliche Tätigkeit beschreiben.	Ich kann in einfachen zusammenhängenden Sätzen sprechen, um Erfahrungen und Ereignisse oder meine Träume, Hoffnungen und Ziele zu beschreiben. Ich kann kurz meine Meinungen und Pläne erklären und begründen. Ich kann eine Geschichte erzählen oder die Handlung eines Buches oder Films wiedergeben und meine Reaktionen beschreiben.
Schreiben	Schreiben	Ich kann eine kurze einfache Postkarte schreiben, z. B. Feriengrüsse. Ich kann auf Formularen, z. B. in Hotels, Namen, Adresse, Nationalität usw. eintragen.	Ich kann kurze, einfache Notizen und Mitteilungen schreiben. Ich kann einen ganz einfachen persönlichen Brief schreiben, z. B. um mich für etwas zu bedanken.	Ich kann über Themen, die mir vertraut sind oder mich persönlich interessieren, einfache zusammenhängende Texte schreiben. Ich kann persönliche Briefe schreiben und darin von Erfahrungen und Eindrücken berichten.

		B2	C1	C2
Verstehen	Hören	Ich kann längere Redebeiträge und Vorträge verstehen und auch komplexer Argumentation folgen, wenn mir das Thema einigermassen vertraut ist. Ich kann im Fernsehen die meisten Nachrichtensendungen und aktuellen Reportagen verstehen. Ich kann die meisten Spielfilme verstehen, sofern Standardsprache gesprochen wird.	Ich kann längeren Redebeiträgen folgen, auch wenn diese nicht klar strukturiert sind und wenn Zusammenhänge nicht explizit ausgedrückt sind. Ich kann ohne allzu grosse Mühe Fernsehsendungen und Spielfilme verstehen.	Ich habe keinerlei Schwierigkeit, gesprochene Sprache zu verstehen, gleichgültig ob „live" oder in den Medien, und zwar auch, wenn schnell gesprochen wird. Ich brauche nur etwas Zeit, mich an einen besonderen Akzent zu gewöhnen.
	Lesen	Ich kann Artikel und Berichte über Probleme der Gegenwart lesen und verstehen, in denen die Schreibenden eine bestimmte Haltung oder einen bestimmten Standpunkt vertreten. Ich kann zeitgenössische literarische Prosatexte verstehen.	Ich kann lange, komplexe Sachtexte und literarische Texte verstehen und Stilunterschiede wahrnehmen. Ich kann Fachartikel und längere technische Anleitungen verstehen, auch wenn sie nicht in meinem Fachgebiet liegen.	Ich kann praktisch jede Art von geschriebenen Texten mühelos lesen, auch wenn sie abstrakt oder inhaltlich und sprachlich komplex sind, z. B. Handbücher, Fachartikel und literarische Werke.
Sprechen	An Gesprächen teilnehmen	Ich kann mich so spontan und fliessend verständigen, dass ein normales Gespräch mit einem Muttersprachler recht gut möglich ist. Ich kann mich in vertrauten Situationen aktiv an einer Diskussion beteiligen und meine Ansichten begründen und verteidigen.	Ich kann mich spontan und fliessend ausdrücken, ohne öfter deutlich erkennbar nach Worten suchen zu müssen. Ich kann die Sprache im gesellschaftlichen und beruflichen Leben wirksam und flexibel gebrauchen. Ich kann meine Gedanken und Meinungen präzise ausdrücken und meine eigenen Beiträge geschickt mit denen anderer verknüpfen.	Ich kann mich mühelos an allen Gesprächen und Diskussionen beteiligen und bin auch mit Redewendungen und umgangssprachlichen Wendungen gut vertraut. Ich kann fliessend sprechen und auch feinere Bedeutungsnuancen genau ausdrücken. Bei Ausdrucksschwierigkeiten kann ich so reibungslos wieder ansetzen und umformulieren, dass man es kaum merkt.
	Zusammenhängendes Sprechen	Ich kann zu vielen Themen aus meinen Interessengebieten eine klare und detaillierte Darstellung geben. Ich kann einen Standpunkt zu einer aktuellen Frage erläutern und Vor- und Nachteile verschiedener Möglichkeiten angeben.	Ich kann komplexe Sachverhalte ausführlich darstellen und dabei Themenpunkte miteinander verbinden, bestimmte Aspekte besonders ausführen und meinen Beitrag angemessen abschliessen.	Ich kann Sachverhalte klar, flüssig und im Stil der jeweiligen Situation angemessen darstellen und erörtern; ich kann meine Darstellung logisch aufbauen und es so den Zuhörern erleichtern, wichtige Punkte zu erkennen und sich diese zu merken.
Schreiben	Schreiben	Ich kann über eine Vielzahl von Themen, die mich interessieren, klare und detaillierte Texte schreiben. Ich kann in einem Aufsatz oder Bericht Informationen wiedergeben oder Argumente und Gegenargumente für oder gegen einen bestimmten Standpunkt darlegen. Ich kann Briefe schreiben und darin die persönliche Bedeutung von Ereignissen und Erfahrungen deutlich machen.	Ich kann mich schriftlich klar und gut strukturiert ausdrücken und meine Ansicht ausführlich darstellen. Ich kann in Briefen, Aufsätzen oder Berichten über komplexe Sachverhalte schreiben und die für mich wesentlichen Aspekte hervorheben. Ich kann in meinen schriftlichen Texten den Stil wählen, der für die jeweiligen Leser angemessen ist.	Ich kann klar, flüssig und stilistisch dem jeweiligen Zweck angemessen schreiben. Ich kann anspruchsvolle Briefe und komplexe Berichte oder Artikel verfassen, die einen Sachverhalt gut strukturiert darstellen und so dem Leser helfen, wichtige Punkte zu erkennen und sich diese zu merken. Ich kann Fachtexte und literarische Werke schriftlich zusammenfassen und besprechen.

Tabelle 3: Europäische Kompetenzstufen – Raster zur Selbstbeurteilung
(Quelle: http://europass.cedefop.europa.eu/img/dynamic/c539/cv481_en_US_Europass_ELP_Template_DE.doc)

DEFINITION

Kenntnisse

Unter „Kenntnissen" wird dabei „das Ergebnis der Verarbeitung von Information durch Lernen" verstanden. „Kenntnisse bezeichnen die Gesamtheit der Fakten, Grundsätze, Theorien und Praxis in einem Lern- oder Arbeitsbereich. Im Europäischen Qualifikationsrahmen werden Kenntnisse als Theorie- und/oder Faktenwissen beschrieben" (ebd.).

Fertigkeiten

Unter „Fertigkeiten" wird die Fähigkeit verstanden, „Kenntnisse anzuwenden und Know-how einzusetzen, um Aufgaben auszuführen und Probleme zu lösen. Im Europäischen Qualifikationsrahmen werden Fertigkeiten als kognitive Fertigkeiten (logisches, intuitives und kreatives Denken) und praktische Fertigkeiten beschrieben (Geschicklichkeit und Verwendung von Methoden, Materialien, Werkzeugen und Instrumenten)" (ebd.).

Kompetenzen

„Kompetenz" wird als nachgewiesene Fähigkeit definiert, „Kenntnisse, Fertigkeiten sowie persönliche, soziale und/oder methodische Fähigkeiten in Arbeits- oder Lernsituationen und für die berufliche und/oder persönliche Entwicklung zu nutzen. Im Europäischen Qualifikationsrahmen wird Kompetenz im Sinne der Übernahme von Verantwortung und Selbstständigkeit beschrieben" (ebd.).

Die genannten Definitionen weisen eine Spezifik auf, die mit dem Kompromisscharakter einer europaweiten Lösung erklärt werden kann. Sie entsprechen nicht den hier in Kapitel 2 vorgeschlagenen Definitionen und sind zumindest im deutschen Sprachraum nur bedingt wissenschaftlich anschlussfähig.

6.3.3 Handhabung

Für jedes Matrixfeld werden Deskriptoren formuliert, die eine möglichst genaue Einstufung des Kompetenzniveaus von Personen ermöglichen. Zu betonen ist, dass mit diesem Verfahren versucht wird, Qualifikationen und Kompetenzen einzuschätzen und zu vergleichen. Möglich ist damit allenfalls, eine Entsprechung oder einen Niveauunterschied zu benennen, keinesfalls aber eine Messung auf Intervallskalenniveau durchzuführen. In Tabelle 4 werden zur Illustration einige dieser Matrixfelder wiedergegeben (vgl. ebd., S. 5f.):

	Kenntnisse	Fertigkeiten	Kompetenz
Niveau 1 Zur Erreichung von Niveau 1 erforderliche Lernergebnisse	grundlegendes Allgemeinwissen	grundlegende Fertigkeiten, die zur Ausführung einfacher Aufgaben erforderlich sind	Arbeiten oder Lernen unter direkter Anleitung in einem vorstrukturierten Kontext
...	...	...	...
Niveau 6 Zur Erreichung von Niveau 6 erforderliche Lernergebnisse	fortgeschrittene Kenntnisse in einem Arbeits- oder Lernbereich unter Einsatz eines kritischen Verständnisses von Theorien und Grundsätzen	fortgeschrittene Fertigkeiten, die die Beherrschung des Faches sowie Innovationsfähigkeit erkennen lassen, und zur Lösung komplexer und nicht vorhersehbarer Probleme in einem spezialisierten Arbeits- oder Lernbereich nötig sind	Leitung komplexer fachlicher oder beruflicher Tätigkeiten oder Projekte und Übernahme von Entscheidungsverantwortung in nicht vorhersagbaren Arbeits- oder Lernkontexten Übernahme der Verantwortung für die berufliche Entwicklung von Einzelpersonen und Gruppen
...	...	...	...

Tabelle 4: EQF-Deskriptoren (Auswahl) (Quelle: Europäische Kommission 2006, S. 19ff.)

Im Vergleich zum ersten Entwurf (vgl. Europäische Kommission 2005) ist der aktuelle Vorschlag vereinfacht durch die Vorgabe von deutlich weniger Deskriptoren, was die praktische Einsetzbarkeit vermutlich eher erschwert, denn der Ermessensspielraum der Beurteiler bei der Zuordnung ist dadurch größer geworden. Dennoch ist zu vermuten, dass der EQF die europäische Diskussion prägen und maßgeblich beeinflussen wird. Die Richtung ist jedenfalls mit dem Beschluss deutlich vorgegeben.

> Diese Empfehlung verfolgt das Ziel, einen gemeinsamen Referenzrahmen als Übersetzungsinstrument zwischen verschiedenen Qualifikationssystemen und deren Niveaus zu schaffen, und zwar sowohl für die allgemeine und die Hochschulbildung als auch für die berufliche Bildung. Dies wird zu einer verbesserten Transparenz, Vergleichbarkeit und Übertragbarkeit der Qualifikationsbescheinigungen führen, die den Bürgern gemäß der Praxis in den verschiedenen Mitgliedstaaten ausgestellt wurden. Jedes Qualifikationsniveau sollte grundsätzlich auf verschiedenen Bildungs- und Karrierewegen erreichbar sein. Darüber hinaus sollte der Europäische Qualifikationsrahmen den internationalen sektoralen Organisationen ermöglichen, ihre Qualifikationssysteme auf einen gemeinsamen europäischen Referenzpunkt zu beziehen und so die Beziehung internationaler sektoraler Qualifikationen zu nationalen Qualifikationssystemen aufzeigen. Diese Empfehlung leistet daher einen Beitrag zu den allgemeineren Zielen der Förderung des lebenslangen Lernens und der Förderung der Beschäftigungsfähigkeit,

Mobilität und sozialen Integration von Arbeitskräften und Lernenden (Europäisches Parlament/Rat 2008, S. 6).

Der EU-Beschluss sieht eine fünfjährige Erprobungsphase vor, die im Jahre 2013 endet und in Abhängigkeit von den gemachten Erfahrungen eine Überprüfung und Überarbeitung der Empfehlungen ausdrücklich einschließt (vgl. ebd., S. 3)

6.3.4 Einschätzung

In der zweiten Erarbeitungsphase des DQRs sollen Qualifikationen des deutschen Bildungssystems bereichsübergreifend in Beziehung gesetzt werden. Diese Aufgabe haben vier Expertengruppen aus den Berufs- bzw. Tätigkeitsfeldern „Metall/Elektro", „Handel", „Gesundheit" und „IT-Bereich" übernommen. Eine weitere Gutachtergruppe prüft die Möglichkeiten, Ergebnisse des informellen Lernens zu berücksichtigen. Aktuell liegen zu beiden Komplexen noch keine Ergebnisse vor. Die folgenden Einschätzungen beruhen daher nicht auf realen Erfahrungen mit dem Instrument, sondern sind begründete und nachvollziehbare Annahmen, die sich aus der Praxis mit vergleichbaren Instrumenten speisen. Es geht an dieser Stelle also um die positiven und negativen Potenziale des EQF bzw. seines deutschen Pendants.

Ein erster und entscheidender Pluspunkt des EQF ist die prinzipielle *Kompetenzbasierung*. Sie eröffnet z.B. benachteiligten Jugendlichen und Erwachsenen, die im Regelfall keinen oder wenig Erfolg im formalen System aufweisen und nicht über die erfolgversprechenden Zertifikate und Berechtigungen verfügen, die Chance, auf Kenntnisse und Fähigkeiten zu verweisen, die im Zusammenhang mit abgebrochenen Bildungsgängen, in Jobs oder im Freizeitbereich erworben worden sind. Allein die Tatsache, dass sie überhaupt etwas „ins Spiel bringen" können, ist für diese Gruppe, die im Selbst- und Fremdbild eher defizitär bestimmt ist, nicht zu unterschätzen.

Darüber hinaus entspricht das Abstellen auf Kompetenzen auch betrieblichen Gepflogenheiten (vgl. DIE/DIPF/IES 2004, S. 92f.). So schließen Personalverantwortliche aus dem Faktum, Babysitter oder Mannschaftskapitän gewesen zu sein, auf Verantwortungsgefühl und soziale Kompetenz. Zudem wird auch das Kompetenzpotenzial vieler Freizeitaktivitäten offenbar unterschätzt. Hinzuweisen ist zum Beispiel auf das Buch von Steven Johnson (2006), der die wissenschaftlich untermauerte These vertritt, dass Computerspiele und Fernsehserien ein kognitives Trainingsprogramm seien, das u.a. mehrdimensionales Denken und Selbstbewusstsein fördern könne (vgl. Lehnartz 2007). Die Erfahrungen mit Bildungspässen und Kompetenzportfolios legen nahe, dass gerade auch Benachteiligte von der Bilanzierung eigener Kompetenzen in vielerlei Hinsicht profitieren können: Sie entdecken Potenziale, sie definieren sich als Wissende und Könnende, sie entwickeln darüber Selbstbewusstsein und Handlungsenergie (vgl. z.B. DIE/DIPF/IES 2006, S. 128ff.).

Wie schon eingangs festgestellt, ist besonders in Deutschland das formale System mit seinen Abschlüssen und Zertifikaten die zentrale Messlatte für Erfolg. Dieses System ist, wie nicht zuletzt der Bildungsbericht belegt (Konsortium Bildungsberichterstattung 2006 und Autorengruppe Bildungsberichterstattung 2008), sozial hoch selektiv. Beide Effekte zusammengenommen machen es vor allem für Benachteiligte sehr schwer, wenn nicht unmöglich, Qualifikationen zu erwerben, die mit materieller Anerkennung und einem hohen sozialen Status verbunden sind. Mit dem EQF wird nun ein neuer Referenzpunkt geschaffen, der die *Alleinzuständigkeit des formalen Systems* infrage stellt und neue Zuordnungsmöglichkeiten und Bewertungen ermöglicht. Ausländische Erfahrungen zeigen, dass eine solche Öffnung zu mehr Durchlässigkeit und Chancengleichheit führen kann (vgl. DIE/DIPF/IES 2004, S. 123ff.; Ministerium für Bildung, Kultur und Wissenschaft des Saarlandes 2003).

Eng mit der Frage des Referenzpunktes ist der Aspekt der *Gleichwertigkeit der Lernwege* verknüpft. Die Abschlüsse des formalen Systems werden fast ausschließlich auf vorgezeichneten Bildungslaufbahnen erreicht, an deren Ende dann Prüfungen und Zertifikatsvergaben stehen. Von diesen „Königswegen" kann nur im Ausnahmefall abgewichen werden, dies sind Ausnahmeentscheidungen, die von Zuständigen aus dem formalen System getroffen werden und damit auch der systemimmanenten Logik folgen. Im Ergebnis werden Verkürzungen der üblichen Laufbahn verfügt oder die Aufnahme von speziellen Bildungslaufbahnen (wie z.B. der „Zweite Bildungsweg") angeordnet. Von der europaweit proklamierten Outcomeorientierung ist noch wenig zu spüren. Der EQF allerdings liefert ein Raster von Fähigkeiten, Kenntnissen und Kompetenzen, er schreibt nicht vor, wie diese erlangt werden, er ist somit offen für unterschiedlichste individuelle Wege des Kompetenzerwerbs und schafft somit ggf. auch einen Rechtsanspruch auf Prüfung und Zertifizierung ohne Absolvierung der üblichen Bildungsgänge.

Auch dies würde gerade für Bildungsbenachteiligte Chancen auf *Anerkennung* von Lernleistungen außerhalb des formalen Systems eröffnen. Eine bildungslaufbahnunabhängige Kompetenzdiagnose lässt sich im Erfolgsfall ohne auch formale Anerkennung kaum vorstellen.

Der EQF ist vom Anspruch her und faktisch kompetenzorientiert, doch die Beschreibung der acht Niveaustufen in der Einstufungsmatrix orientiert sich in Ermangelung anderer Vorgaben an Qualifikationsniveaus des formalen Systems. Eine solche *Qualifikationsorientierung* würde jedoch „durch die Hintertür" die alten Verhältnisse zementieren. Dass das formale System nach wie vor eine Leitfunktion innehaben wird, macht eine Antwort zu einer Kleinen Anfrage im Bundestag durch den Staatssekretär Meyer-Krahmer (2005) deutlich:

Die von der Europäischen Kommission verwendete Definition des Begriffs „Qualifikation" umfasst die Lernstandsermittlungen einer Person, die durch einen Evaluierungsprozess oder einen erfolgreich abgeschlossenen Bildungsgang bestätigt werden. Die Fest-legung des Procedere und des Umfangs der zu zertifizierenden Lerninhalte erfolgt dabei nach den nationalen Zuständigkeitsregelungen und Gesetzen.

Sehr bedenklich stimmt in diesem Zusammenhang auch eine französische Stimme:

> Der EQF ist auf der Systemebene angesiedelt: Den offiziellen Texten der Konsultation nach ist der EQF nicht dafür gedacht, etwas anderes einzuordnen als schon bestehende Zertifikate, Diplome oder sonstige Qualifikationen (Bouder 2006, S. 10).

Die Qualifikationsorientierung öffnet zudem den Blick auf einen weiteren Gefahren-punkt: die *Formalisierung*. Nicht nur wegen der Beharrungstendenzen und wegen des Gewichts des formalen Systems, sondern auch weil keine oder kaum (und dann meist wenig) akzeptierte Alternativen als Orientierungslinie zur Verfügung stehen, wird der ausdrückliche Bezug auf die üblichen Zertifikate wahrscheinlich. Dies liegt natürlich auch im Interesse der vielen Zertifikatsbesitzer/innen, die sich gegen Relativierungen und ggf. sogar Entwertungen ihrer Qualifikationen zur Wehr setzen werden, natürlich aber nicht im Interesse der Zertifikatslosen. Diese erhalten zwar die Chance zur Klas-sifizierung ihrer Kompetenzen, werden aber an den Maßstäben gemessen, an denen sie im Regelfall schon vorher gescheitert sind.

Neue, flexible und offene Messkonzepte sind vor diesem Hintergrund nicht zu er-warten, was auch der Blick über die Grenze bestätigt:

> Wenn man bedenkt, dass in den allerwenigsten Ländern Vorkehrungen getroffen sind, qua-lifikationsorientierte Anerkennung von Arbeitserfahrung und lebenslanges Lernen zu orga-nisieren, scheint die Outcomeorientierung der Deskriptoren eher ein frommer Wunsch ohne anwendungsgeeignete Instrumente zu sein (ebd.).

Es droht die ernstzunehmende Gefahr, dass Festschreibung und Erstarrung statt Dynami-sierung und Flexibilität die Antwort auf den wirtschaftlichen und gesellschaftlichen Wan-del sein werden.

Die soeben beschriebenen Argumente begründen auch die Gefahr, dass der EQF die soziale *Selektivität* des bildungslaufbahnorientierten formalen Systems verlängert. Es lässt sich aber auch noch eine andere Form von Selektivität vorhersehen: Die Mitglieds-staaten werden den EQF nur selektiv nutzen, sie werden nur das, was anschlussfähig an das nationale System ist, verwenden und den Rest vernachlässigen. Markante Äußerun-gen aus Deutschland und Frankreich legen diesen Schluss zumindest nahe. So formuliert der Hauptausschuss des Bundesinstituts für Berufsbildung:

Der EQF darf keinerlei Vorgaben enthalten, welche die Entscheidungsprärogative der Bundesregierung zur Einstufung dualer Ausbildungs- und Fortbildungsabschlüsse in einen nationalen Qualifikationsrahmen – sei es auch nur mittelbar-faktisch – einschränken würden und den Stellenwert dieser Abschlüsse im europäischen Vergleich schmälern würde (BIBB 2005, S. 3).

Auch die französische Stellungnahme ist in der Betonung der Eigenständigkeit eindeutig:

Der EQF soll nur ein Ziel verfolgen, nämlich die Mobilität zu erleichtern und sich davor hüten, die technischen Konstruktionsprozesse von Abschlüssen in den Mitgliedsstaaten reformieren zu wollen (...). Unsere Zertifikate (Abschlüsse) sollen nicht mit diesem System „harmonisiert", sondern nur demgegenüber positioniert werden (zit. bei Bouder 2006, S. 12).

Vor dem Hintergrund dieser Einschätzungen sollte der EQF als Hoffnungsträger – wie eingangs beschrieben – nicht „überhöht" werden. Es ist noch sehr unklar, in welcher Weise er überhaupt „Durchgriff" und Prägung auf die nationalen Systeme erhält.

Die beschriebene Skepsis wird durch den Vorschlag für einen deutschen Qualifikationsrahmen untermauert (vgl. Arbeitskreis Deutscher Qualifikationsrahmen 2009). Erste Einschätzungen sind eher verhalten bis offen kritisch und fordern noch ein erhebliches Maß an Nachbesserungen und weitergehenden Regelungen (vgl. Dehnbostel/Neß/Overwien 2009, Deutscher Verein für öffentliche und private Fürsorge 2009).

Für den DQR ist *das formale System alleinige Leitlinie,* das Hochschul- und das Berufsbildungssystem prägen mit ihren Abschlüssen die Stufung. Andere Leistungsbereiche unserer Gesellschaft (Sport, Kunst etc.) bleiben unberücksichtigt. Doch auch die Stufung ist in sich anfechtbar, weil das zugrunde gelegte Ranking auf Macht, auf Tradition und auf Konvention beruht, nicht auf einem gezielten Leistungsvergleich. Warum ist eigentlich ein Bachelorabschluss höherwertig als die mittlere Qualifikation „Bankfachwirt"? Warum wird der Abschluss der Tankwartausbildung auf die gleiche Stufe gestellt wie der Abschluss als Energieanlagenelektroniker?

So provoziert der EU-Ansatz einer zwischenstaatlichen Vergleichbarkeit die Frage nach der *innerdeutschen Vergleichbarkeit* von Abschlüssen und Zugangsregelungen. So gibt es zwischen den Ländern unterschiedliche Regeln des Hochschulzugangs und unterschiedliche Schulabschlüsse. In gleicher Weise stehen die Kammern und die anderen Akteure des Berufsbildungssystems vor der Frage, ob die gegenwärtige Berufssystematik und die darin eingebaute systematische Stufung noch inhaltlich angemessen und für das Beschäftigungssystem akzeptabel sind. Zentral ist zum Beispiel, ob alle dualen Berufsabschlüsse äquivalent sind und welcher Reformbedarf sich daraus ergibt (Stichworte: „Modularisierung", „Stufung").

Die Fragen nach der Vergleichbarkeit auf der nationalen und auf der europäischen Ebene lassen sich nur beantworten, wenn über einen Äquivalenzmaßstab nachgedacht wird. Welches ist die *gemeinsame Währung,* die Qualifikationen und Kompetenzen vergleichbar macht? Ist es die Länge des Ausbildungswegs (workload), die Exklusivität der Leistung, die gesellschaftliche Wertschätzung?

Auf der Suche nach dem bildungspolitischen Goldstandard wird es nicht nur um die sachlich bestmögliche Lösung gehen, sondern auch um *Interessen und Machtfragen.* Die Akteure, die etwas zu verlieren haben, werden ihre Basis verteidigen und nur über Kompensationsstrategien zum Einlenken zu bewegen sein. Diejenigen, die für sich oder andere Boden gewinnen wollen, werden sehr gute Argumente brauchen, um sich durchzusetzen gegen das Beharrungsvermögen des Etablierten. Vermutlich werden ökonomische Gründe (Fachkräftemangel, starker Wettbewerbsdruck, Notwendigkeit des Ehrenamts) das Nachdenken über neue Strukturen und Wertmaßstäbe erzwingen.

6.4 Leitfäden für Personalentwicklungsgespräche der WELEDA AG

6.4.1 Genese

Die Firma WELEDA besteht seit 1921 und ist aus einem pharmazeutischen Labor hervorgegangen. Sie ist ein weltweit führender Hersteller für ganzheitliche Körperpflege und Arzneimittel und hat ca. 600 Beschäftigte. Hauptsitz der Firma ist Arlesheim in der Schweiz, in Schwäbisch Gmünd befindet sich eine Niederlassung.

Im Leitbild der Firma stehen unter der Zwischenüberschrift „Mitarbeiterinnen und Mitarbeiter" die folgenden Sätze:

> Die Weleda versteht sich als ein Ort menschlicher Entwicklung an gemeinsamen Aufgaben. Es entspricht der Achtung vor dem Menschen, dass jeder in seinen Anliegen wahrgenommen und ernst genommen wird. Demgemäß soll die Sozialstruktur ermöglichen, dass alle in ihrem Aufgabengebiet zu den Urteils- und Entscheidungsprozessen beitragen können. Dies soll die Identifikation der Mitarbeitenden mit der eigenen Tätigkeit stärken, so dass sie zu den Mitgestaltern der Unternehmensentwicklung werden. Ihre Einkommen sind Teil der Wertschöpfung und werden insofern nicht als „Personalkosten" verstanden (WELEDA 2007).

Auf dieser Basis ist Ende der 1990er Jahre ein Konzept für das Führen von Entwicklungsgesprächen entstanden (vgl. Trautner 1998).

6.4.2 Grundkonzept

Bei den einmal jährlich stattfinden Personalentwicklungsgesprächen folgt WELEDA dem Prinzip der *Dialogischen Führung:* Es geht darum, „die Persönlichkeit der Mitarbeiter und ihre Entwicklungsfähigkeiten mit den Unternehmenszielen und der gemeinsamen Entwicklung in Einklang zu bringen" (Urbschat 2007, S. 2). Übergeordnetes Ziel ist die Verbesserung der inneren und äußeren Qualität der Arbeit.

Bei dem Gespräch zwischen Vorgesetzten und Mitarbeitenden wird ein Rückblick auf das abgelaufene Arbeitsjahr gehalten, welcher eine Reflexion der „Schlüsselqualifikationen" und ein Feedback an den Vorgesetzen über Qualität und Potenzial der Zusammenarbeit einschließt. Es mündet in der Formulierung von Jahreszielen und der Abstimmung von Entwicklungsmaßnahmen.

6.4.3 Handhabung

Das Personalentwicklungsgespräch wird jeweils durch einen Leitfaden für Vorgesetze und Mitarbeitende strukturiert, die spiegelbildlich aufeinander abgestimmt sind. So korrespondiert zum Beispiel mit der Vorgesetzten-Frage „Wie sehe ich meine Führungsaufgabe?" die Mitarbeiterfrage „Was erwarte ich von meinem/meiner Vorgesetzten?". Diese Zusammenstellungen von Merkposten und erschließenden Fragen dienen auch der Gesprächsvorbereitung (vgl. Trautner 1998, S. 234ff.).

Die Fragen beziehen sich auf die Zusammenarbeit sowie auf die Bilanzierung der Arbeit im vergangenen Jahr und die planende Vorausschau auf das kommende. Zentral sind natürlich kompetenzbezogene Fragen, wie die in Abbildung 8 zusammengestellte Auswahl bestätigt.

Auszüge aus dem Gesprächsleitfaden für Vorgesetzte

- Welche fachlichen und/oder persönlichen Stärken liegen vor?
- Welche Schwächen waren erkennbar?
- Steht die Arbeitsleistung in einem gesunden Verhältnis zur Aufgabe?
- Wie geht er/sie mit schwigen fachlichen/menschlichen Situationen um?
- Werden meine Mitarbeiter herausgefordert/überfordert?
- Welche fachlichen und persönlichen Qualifizierungsmaßnahmen halte ich für sinnvoll und angebracht?

Auszüge aus dem Gesprächsleitfaden für Mitarbeiterinnen und Mitarbeiter

- Was waren die Schwerpunkte meiner Arbeit?
- Für welche Tätigkeiten habe ich die meiste Zeit im vergangenen Jahr aufgewendet?
- Welche Vorstellungen habe ich über meine beruflichen Interessen und Ziele?
- Wo liegen meine fachlichen und persönlichen Stärken?
- Wie schätze ich meine Fähigkeit zur Zusammenarbeit mit den anderen Mitarbeitern ein?
- Welche Maßnahmen on the job/off the job halte ich für geeignet?

Abbildung 8: Leitfaden für das Personalentwicklungsgespräch (Auszug) (Quelle: Trautner 1998, S. 234–238)

6.4.4 Einschätzung

Es wird deutlich, dass die Kompetenzeinschätzung nicht über eine festgelegte Skala erfolgt, sondern über den Diskurs zwischen Vorgesetzten und Mitarbeiter/inne/n: Es werden Kompetenzen benannt und grob kategorisiert (kann ich „gut" bzw. „schlecht"). Es wird über Tätigkeiten gesprochen und davon, inwieweit diese anforderungsgerecht sind oder waren. Im Vordergrund steht – wie im Leitbild gefordert – eine *ganzheitliche Sichtweise*.

6.5 Persönlichkeitstest „Big Five"

6.5.1 Genese und Grundidee

In den 1950er Jahren machten amerikanische Arbeitspsychologen das folgende Experiment: Offiziersanwärter in der US Army sollten sich anhand vorgegebener Eigenschaftslisten gegenseitig beschreiben. Mithilfe einer Faktorenanalyse konnten die Antworten zu fünf *Persönlichkeitsmerkmalen* gebündelt werden:

1. Neurotizismus,
2. Extraversion,
3. Verträglichkeit,
4. Gewissenhaftigkeit,
5. Offenheit für neue Erfahrungen (vgl. Paulus 1999; vgl. auch Kap. 2.3).

In den Folgejahren ist dieser Ansatz zu einem etablierten Konzept der psychologischen Persönlichkeitsforschung ausgebaut worden. Die so genannten „Big Five" konnten weltweit in zahlreichen Studien validiert werden. Zudem hat sich erwiesen, dass die gemessenen Werte über die gesamte Lebensspanne relativ stabil bleiben (vgl. John/Srivastava 1999). Der Test wurde von den beiden Psychologen Peter Borkenau und Fritz Ostendorf Anfang der 1990er Jahre ins Deutsche übertragen (vgl. Borkenau/Ostendorf 1993).

6.5.2 Handhabung

Den zu testenden Personen wird eine Liste von Statements vorgelegt, die diese über eine fünfstufige Skala („sehr unzutreffend", „unzutreffend", „weder zutreffend noch unzutreffend", „zutreffend" und „sehr zutreffend") bewerten müssen. Dabei sollen die Einschätzungen zum einen für sich selbst und zum anderen für eine dritte Person vorgenommen werden. Die verwendeten Items sind teststatistisch überprüft, weisen also eine hohe Validität, Objektivität und Reliabilität auf.

BEISPIEL

Im Folgenden sind einige Items des Typs aufgeführt, die in Big-Five-Testbatterien verwendet werden:

- Ich bin gesprächig und unterhalte mich gerne.
- Ich bin hilfsbereit gegenüber anderen.
- Ich arbeite zuverlässig und gewissenhaft.
- Ich werde leicht nervös und unsicher.
- Ich schätze künstlerische und ästhetische Eindrücke.
- Ich kann mich kalt und distanziert verhalten.
- Ich mag Routinearbeiten.

Mithilfe des Instruments kann vergleichsweise schnell ein Persönlichkeitsprofil erstellt werden. Dieses Profil versteht sich als relative Positionierung der individuellen Ergebnisse zu allen bis dahin mit demselben Instrument bei anderen Personen erhobenen. Die Wahrscheinlichkeit, dass das Messergebnis zu einer zutreffenden Aussage kommt, ist also relativ hoch, es ist aber kein Test, der eine hundertprozentige Trefferquote garantiert. Eine kostenlose Online-Version des Tests ist unter http://de.outofservice.com/bigfive zu finden.

6.5.3 Einschätzung

Mit diesem Instrumentarium werden Dispositionen gemessen, also keine Kompetenzen in dem von uns definierten Sinne. Doch Dispositionen sind, wie oben ausgeführt, wichtige Komponenten beim Einsatz von Wissen und Fertigkeiten zur Bewältigung einer bestimmten situativen Anforderung. Sie bilden einen Teil des Kompetenzpotenzials, welches dann durch Performanz sichtbar wird.

6.6 Sprachtest DIALANG

6.6.1 Genese und Grundkonzept

DIALANG ist mit Unterstützung der Europäischen Kommission (Generaldirektion für Erziehung und Kultur) im Rahmen des SOKRATES-Programms in der Projektlinie LINGUA entwickelt worden. Es basiert auf dem vom Europarat entwickelten Gemeinsamen europäischen Referenzrahmen, der ein differenziertes System von Deskriptoren liefert, mit denen die einzelnen Komponenten der Sprachkompetenz eingeschätzt werden können.

Ziel von DIALANG ist das Vermitteln von Hinweisen an Lernende zum Stand ihrer Fremdsprachenkenntnisse. Die Diagnose wird verbunden mit Ratschlägen zur gezielten

Verbesserung der Sprachfertigkeiten und zum bewussteren Sprachenlernen. DIALANG ist ein Instrument zur Selbsteinschätzung, kann aber auch als Testinstrument genutzt werden.

Ein Test ist in insgesamt vierzehn Sprachen möglich (www.dialang.org). Als „Kompetenzkomponenten" werden angeboten:

o Leseverständnis,
o Hörverstehen,
o Wortschatz,
o Schreibfähigkeit und
o Strukturverständnis.

Für Lesen, Hörverstehen und Schreiben ist eine vorgängige Selbsteinschätzung möglich, die dann mit dem Testergebnis verglichen werden kann.

6.6.2 Vorgehen

Unter der Internetadresse (www.dialang.org) wird ein kostenloser Sprachtest angeboten. Der Test umfasst alle Aspekte der Fremdsprachenkompetenz und besteht aus Elementen der Selbsteinstufung und aus Testelementen. Die Ergebnisse bzw. Zwischenergebnisse können sofort abgerufen werden und ermöglichen so eine vergleichsweise gute Möglichkeit zur Abschätzung des eigenen Sprachvermögens.

Personen, die sich bei DIALANG einloggen, werden vorab über die Zielsetzung und den Aufbau des Instruments informiert, bevor die einzelnen Schritte des Programms initiiert werden. Prinzipiell lassen sich neun separate Aktionen bzw. Programmschritte unterscheiden (vgl. Goethe-Institut 2007, S. 1):

o Schritt 1: Wahl der Arbeitssprache, in der die Informationen und Hinweise gegeben werden sollen (im Regelfall ist das die Muttersprache);
o Schritt 2: Einschreibung in das System;
o Schritt 3: Wahl der zu testenden Sprache (im Regelfall eine Fremdsprache);
o ggf. Schritt 4: Durchführung eines Wortschatztests zur Einstufung (wird empfohlen, kann aber übersprungen werden);
o Schritt 5: Auswahl der zu testenden Kompetenzkomponente (Leseverständnis, Hörverstehen, Schreibfähigkeit, Wortschatz oder Strukturverständnis);
o ggf. Schritt 6: Möglichkeit zur Selbsteinschätzung, wenn in Schritt 5 Leseverständnis, Hörverstehen oder Schreibfähigkeit ausgewählt worden sind (vgl. Abb. 9);
o Schritt 7: System liefert erste Einschätzung der Fähigkeiten des Lernenden;
o Schritt 8: Durchführung des Tests mit dem vom System eingeschätzten Schwierigkeitsgrad aufgrund der Ergebnisse des Einstufungstests und der Selbsteinschätzung;

o Schritt 9: Rückmeldung über Stärken und Schwächen und Empfehlungen für das Weiterlernen.

Nach dem Test können die Lernenden versuchen, ihr Kompetenzprofil zu verbessern, indem sie den Empfehlungen ganz oder teilweise folgen oder ihre eigenen Lernstrategien entwerfen. Im zeitlichen Abstand zum Test kann eine wiederholte Durchführung aufzeigen, ob Niveausteigerungen zu verzeichnen sind und in welchen Bereichen diese stattgefunden haben.

6.6.3 Einschätzung

Der Test selbst und die Skalen zur Selbsteinschätzung sind mit wissenschaftlichen Methoden validiert und kalibriert worden (vgl. Goethe-Institut 2007, S. 3f.; Vollmer 2003, S. 368). Die Arbeiten zur weiteren Optimierung des Systems werden fortgesetzt und machen deutlich, dass im Feld der Sprachkompetenzmessung vergleichsweise große Fortschritte erreicht werden konnten. Das Instrumentarium ist kompetenzorientiert, indem es auf konkrete Verwendungssituationen abstellt und dürfte von daher als guter Indikator für die jeweilige Fremdsprachenkompetenz gelten.

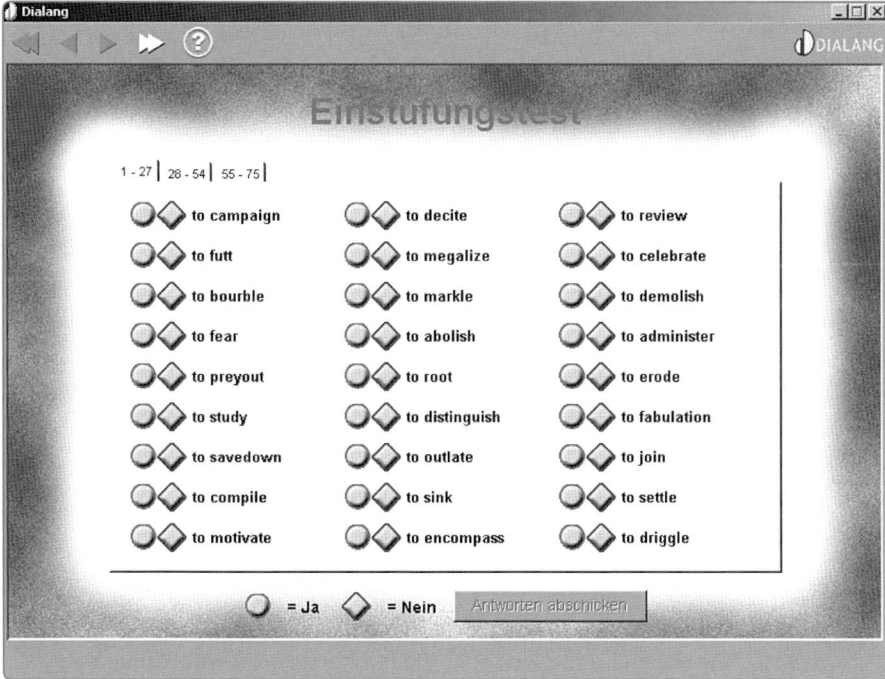

Abbildung 9: Auszug aus der Liste von Items zur Selbsteinschätzung „Lesen" (Quelle: www.dialang.org)

6.7 Instrumente zur Erfassung der Lese- und Rechenfähigkeit bei der ALL-Studie

6.7.1 Genese und Zielsetzung

Eine der ersten großen internationalen Erhebungen zur Kompetenzerfassung ist der International Adult Literacy Survey (IALS), der, bezogen auf die Jahre 1994 bzw. 1998, Daten zur Lesefähigkeit von Erwachsenen zur Verfügung stellt. Lesefähigkeit umfasst dabei drei Teildimensionen:

1. prose literacy,
2. document literacy,
3. quantitative literacy.

Der Endbericht erschien im Jahre 2000 und liefert neben den Befunden auch einige Hinweise auf theoretische Vorüberlegungen (vgl. OECD/Statistics Canada 2000).

Im Vergleich zu IALS erweist sich ALL, der ohne deutsche Beteiligung durchgeführt wurde, inhaltlich und methodisch als ergiebiger. ALL versteht sich als Fortsetzung, aber im Besonderen auch als Weiterentwicklung der IALS-Studie. Die mit IALS gemachten Erfahrungen werden gezielt genutzt, um das Erhebungsinstrumentarium und die inhaltliche Ausrichtung zu schärfen. Der Endbericht präsentiert differenzierte Ergebnisse und vielfältige theoretische Bezüge (vgl. OECD/Statistics Canada 2005). Im Methodenband wird der konzeptionelle Bogen über die ALL-Studie gespannt (vgl. Murray u.a. 2005; im Besonderen darin: Binkley u.a. 2005 und Rychen/Murray 2005) und auf zahlreiche Vorarbeiten zurückgeführt.

Insgesamt werden mit ALL sieben Ziele bzw. Zielkomplexe angesteuert (vgl. Murray/Clermont 2005, S. 16ff.):

1. feststellen, wie die Fähigkeiten zum Lesen kontinuierlicher und diskontinuierlicher Texte in der Bevölkerung verteilt sind;
2. feststellen, wie die Fähigkeiten zum Rechnen und zum Problemlösen in der Bevölkerung verteilt sind, und bestimmen, wie diese Fähigkeiten mit den Lesefähigkeiten zusammenhängen;
3. bestimmen, in welcher Weise die genannten Fähigkeiten mit ökonomischem und sozialem Erfolg zusammenhängen;
4. identifizieren, welche Teilgruppen durch ihre (geringen) Fähigkeiten in den vier Domänen zu Problemgruppen werden;
5. erklären, welche Ursachen für die Verteilung der Fähigkeiten in der Bevölkerung verantwortlich sind und welche Wirkungen durch diese Verteilung bedingt sind;
6. Grundlagendaten liefern zur Weiterentwicklung des theoretischen Rahmens bzw. der Theorien zum menschlichen Lernen und zur Intelligenzforschung;
7. festigen der internationalen Kooperation im Feld der Messung von Fähigkeiten.

6.7.2 Entwicklung der Instrumente

Bei der Konzipierung des ALL-Rahmens wird darauf hingewiesen, dass nur Instrumente entwickelt werden sollen, mit denen valide, reliable, vergleichbar interpretierbare, politisch relevante, für politische Eingriffe nutzbare sowie sprachlich, kulturell und geographisch angemessene Daten erhoben werden können. Dies erfordert einen langwierigen und sorgfältigen Prozess einer international koordinierten Instrumentenentwicklung (vgl. ebd., S. 19).

Die Inhaltsdomänen sind aus zahlreichen Untersuchungen zur Bestimmung von erwerbsrelevanten Fähigkeiten (employability skills) gewonnen (vgl. Binkley u.a. 2005, S. 52ff.) und weitere life skills sind aus psychologischen Theorien abgeleitet worden (vgl. ebd., S. 58ff.). Ausgewertet werden im Besonderen Befragungen, die die Anforderungen von Betrieben an Schulabgänger und Beschäftigte erheben. Alle einbezogenen Untersuchungen entstammen dem angelsächsischen Raum (USA, Kanada, Großbritannien).

So entsteht zum einen eine Liste von sechs Fähigkeits-/Kompetenzbereichen, von denen einige noch Unterkategorien aufweisen:

1. Kommunikationsfähigkeiten (Sprechen, Hören, Lesen, Schreiben),
2. mathematische Fähigkeiten,
3. Problemlösekompetenz,
4. intrapersonale Kompetenzen (Motivation, Metakognition),
5. interpersonale Kompetenzen (Teamwork, Führung) und
6. technologische Fähigkeiten.

Zum anderen werden vier Niveaustufen gebildet, mit denen die jeweiligen Fähigkeiten bzw. Kompetenzen zur Wirkung kommen:

1. praktische Ebene (Routinehandlungen),
2. schematisiert-analytische Ebene (Lösung von Routineproblemen),
3. komplex-analytische Ebene (Lösung von komplexen Problemen),
4. kreative Ebene (Erstellen von Problemlösestrategien).

Diese Stufung lässt sich zurückführen auf Arbeiten der psychologischen Theoriebildung. Besonders die Arbeiten von Sternberg (1985, 1997) zum Konstrukt der erfolgreichen Intelligenz (successful intelligence) sind hier prägend gewesen. Schließlich wird das sogenannte „DeSeCo-Modell" (vgl. Rychen/Salganik 2003a und b; OECD 2003; Rychen/Murray 2005; siehe auch Kap. 2.2) modifiziert, indem die dort definierten drei Kategorien von Schlüsselkompetenzen (Handeln in sozial heterogenen Gruppen, autonomes Handeln, Gebrauch soziokultureller und physischer Werkzeuge) in einen größeren und systematischen Zusammenhang eingebettet werden.

ALL bietet ein vergleichsweise differenziertes und in weiten Teilen auch theoretisch fundiertes Konzept, das bei weiteren Erhebungen dieser Art sicher eine Leitfunktion erfüllen kann. Bei aller Elaboriertheit des Ansatzes mussten indes auch die Durchführenden der ALL-Studie aus Kosten- und Akzeptanzgründen auf einige der theoretisch eingebrachten Elemente verzichten. So konnten zum Beispiel nicht alle aufgeführten Kompetenz- bzw. Fähigkeitsbereiche in die Messung einbezogen werden (Teamwork, Handhabung der IuK-Technik).

6.7.3 Testbeispiele

Neben den üblichen testtheoretischen Anforderungen sind bei dieser international vergleichenden Untersuchung zwei weitere Schwierigkeiten zu bewältigen: Zum einen müssen die Testaufgaben so gewählt werden, dass sie in allen beteiligten Ländern lebenskulturell anschlussfähig sind (ein Inuit wird sich schwerlich vorstellen können, Kokosnüsse zu zählen), zum anderen sollen sie „Lebensnähe" aufweisen, also alltägliche Herausforderungen beschreiben.

Der eigentliche Test besteht darin, dass die Testpersonen mit Stimuli in Form von Alltagsdokumenten wie z.B. Zeitungsartikeln, Beipackzetteln, Gebrauchsanweisungen, Tabellen und Graphiken konfrontiert werden, die sich praktisch auf alle Aspekte des täglichen Lebens beziehen können. Zu diesen Stimuli werden dann Fragen mit unterschiedlichem Schwierigkeitsgrad formuliert, aus deren Beantwortung dann die Kompetenzniveaus erkennbar werden. Die Leistungen werden, genau wie bei der PISA-Studie, auf einer Skala von 1 bis 500 bewertet (vgl. Bundesamt für Statistik 2005, S. 8).

Abbildung 10 zeigt zwei Testbeispiele aus der Schweizer ALL-Studie (vgl. ebd., S. 25f.). Es handelt sich um Beispiele zur Erfassung der Lesekompetenz und zur Erfassung alltagsmathematischer Fähigkeiten, die auf vier unterschiedlichen Niveaustufen angesiedelt sind. Bei der Lösung sind im Prinzip drei Schritte zu bewältigen: Erstens muss identifiziert werden, worauf die Frage zielt, zweitens müssen die zur Beantwortung der Frage notwendigen Informationen aus dem Stimulus erschlossen werden, drittens müssen die Handlungen, die zur Lösung führen, ausgeführt werden (z.B. ein Rechengang, die Niederschrift der Antwort) (vgl. ebd., S. 8).

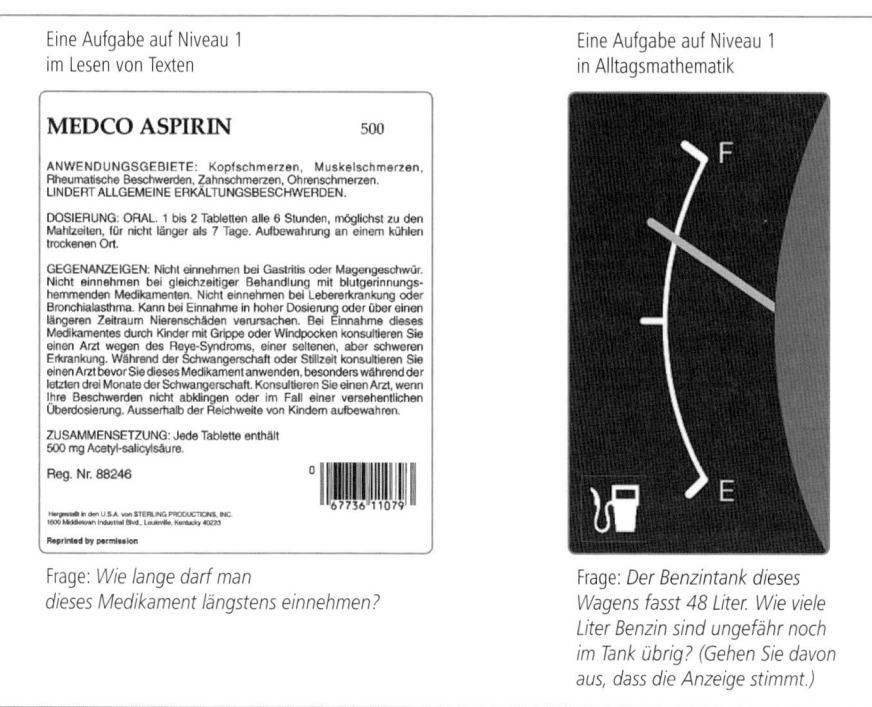

Abbildung 10: Ausgewählte Testbeispiele aus der ALL-Studie (Quelle: Bundesamt für Statistik 2005, S 25. URL: www.kbl.unizh.ch/seiten/pdf/all-bfs/docs/698_0300.pdf; hier finden sich auch weitere Testbeispiele)

6.7.4 Ausgewählte Ergebnisse

An der ersten Welle von ALL im Jahr 2003 nahmen sieben Staaten bzw. Regionen teil: Bermuda, Italien, Kanada, Mexiko (mit der Provinz Nuevo Leon), Norwegen, die Schweiz und die USA. Ein zentrales Ergebnis dieser Studie ist die Bestätigung der IALS-Befunde mit Blick auf die Lesefähigkeit: Nennenswerte Teile der Bevölkerung im Alter von 16 bis 65 Jahren erreichen nur die unterste Niveaustufe (level 1) der untersuchten Domänen: Bei der Fähigkeit zum Lesen von Fließtexten (prose literacy) sind dies zum Beispiel in Norwegen als Spitzenreiter 7,9 Prozent, in der Schweiz 15,9 Prozent, in Italien gar 47 Prozent (vgl. OECD/Statistics Canada 2005, S. 31 und S. 50). Die von Experten als Mindestvoraussetzung zur Bewältigung der Anforderungen der Wissens- bzw. Informationsgesellschaft angesehene Niveaustufe 3 (level 3) wird je nach Land von rund einem Drittel bzw. bis zu über zwei Dritteln der erwachsenen Bevölkerung nicht erreicht. So kommen z.B. in Norwegen ca. 60 Prozent auf die Niveaustufen 3–5 und in Italien nur knapp 20 Prozent mit Blick auf die Rechenfähigkeit (numeracy) (vgl. ebd.). In den Ländern, bei denen ein Vergleich mit den IALS-Daten möglich ist, zeigen sich keine substanziellen Veränderungen in den durchschnittlichen Punktwerten. Mit einer

Ausnahme: Unter den fünf Prozent mit den niedrigsten Punktwerten (lowest performing groups) zeigen sich Verbesserungstendenzen (vgl. ebd., S. 32 und S. 40). Festzustellen ist indes, dass sich die Differenzen zwischen den fünf Prozent mit der höchsten und der niedrigsten Testleistung (Differenz zwischen dem 5. und 95. Perzentil) mit einer Ausnahme (Norwegen) leicht verringert haben (vgl. ebd.).

Die Unterschiede zwischen den beteiligten Ländern sind – wie schon die wenigen zitierten Beispiele zeigen – erheblich. Dies gilt für jede einzelne der vier untersuchten Domänen (1. prose, 2. document literacy, 3. numeracy, 4. problem solving), aber auch für die Korrelation der Leistungen in den unterschiedlichen Domänen: So hat z.B. Norwegen ein relativ hohes Leistungsspektrum in allen vier Bereichen, während Bermuda deutliche Stärken in den Lesefähigkeiten bei gleichzeitiger relativer Schwäche in den Fähigkeiten zum Rechnen und zum Problemlösen aufweist (vgl. ebd., S. 34).

Deutlich werden auch altersgruppen- und geschlechtsspezifische Unterschiede. Jüngere Altersgruppen weisen höhere Durchschnittswerte auf und sind in den oberen Niveaugruppen stärker vertreten. Selbst bei Kontrolle des Bildungsstandes bleiben diese Unterschiede erhalten (vgl. ebd., S. 32 und S. 52ff.). Männer weisen gegenüber Frauen einen Vorsprung beim Lesen von diskontinuierlichen Texten (Tabellen, Formularen etc.) und beim Rechnen auf, während Frauen beim Lesen kontinuierlicher Texte relativ stärker sind (vgl. ebd., S. 32 und S. 55f.).

Neben der vergleichenden Leistungsdiagnose werden auch die Wirkungen unterschiedlicher Kompetenz- bzw. Fähigkeitsniveaus analysiert. Ins Blickfeld geraten dabei sowohl ökonomische als auch soziale Effekte. Zu nennen sind zum Beispiel: Beschäftigungsfähigkeit, Arbeitsplatzbeschaffenheit, Einkommen, Weiterbildungsteilnahme und Gesundheitsstatus. In allen Fällen zeigen sich mehr oder weniger starke Zusammenhänge zwischen dem erreichten Fähigkeitsniveau und dem jeweiligen Wirkungsaspekt. So lassen sich Einkommensunterschiede oder Unterschiede im Gesundheitsstatus auf Differenzen im Fähigkeitsniveau zurückführen, durchaus auch durchsetzt mit nationalen Besonderheiten oder gruppenspezifischen Abweichungen (vgl. ebd., S. 163ff. und S. 247ff.).

Die ALL-Studie liefert so nicht nur diagnostische Befunde, sondern auch über eine Ursachen- und Wirkungsanalyse hinaus wichtige Hinweise für politisches Handeln. Die Analyse lenkt den Blick auf zentrale politische Handlungsfelder und verdeutlicht den spezifischen Beitrag, den die Bildungspolitik leisten kann. Mit dem Blick auf weitere Handlungsnotwendigkeiten wird dann – für eine OECD-Aktivität nicht ungewöhnlich – bildungsökonomisch argumentiert: „Given the high costs and returns accruing to skill development, the top priority for further work is to study the determinants of skill gain and loss" (ebd., S. 271).

> **ZUR REFLEXION**

- Führen Sie den Sprachtest DIALANG für eine Fremdsprache Ihrer Wahl durch. Vergleichen Sie Ihre Selbsteinschätzung mit dem Ergebnis. Wie beurteilen Sie die Nützlichkeit solcher Tests für sich persönlich und generell?

- Konstruieren Sie in Anlehnung an die Leitfäden für Mitarbeitergespräche einen Leitfaden für eine mündliche Prüfung.

- Besorgen Sie sich ein Exemplar des ProfilPASSes oder eines ähnlichen Instruments und arbeiten Sie es durch. Beurteilen Sie die Nützlichkeit eines solchen Vorgehens für sich persönlich und generell.

- Sammeln Sie Material über die PISA-Studie und schreiben Sie sich die Argumente pro und kontra, die mit Blick auf die Kompetenzmessung vorgebracht werden, heraus.

- Konstruieren Sie selbst ein Testinstrument zur Selbsteinschätzung der Kompetenz zu kochen (oder einer anderen Ihrer Wahl).

Lesetipp

Statistics Canada/Organisation for Economic Co-operation and Development (2005): Learning a Living. First Results of the Adult Literacy and Life Skills Survey. Ottawa/Paris

7. Perspektiven

Kompetenzerfassung ist ein Thema mit großer wissenschaftlicher, politischer und praktischer Aktualität. Es gibt Kontroversen, Lösungsansätze und Herausforderungen, die eine zunehmende Brisanz des Themas in Zukunft wahrscheinlich machen. Dafür sprechen nicht nur die Bedeutsamkeit und Durchsetzungsfähigkeit der zentralen Akteure (z.B. OECD und EU), sondern auch die ökonomischen und sozialen Implikationen, die damit verbunden sind. Im Folgenden werden zwei zukunftsweisende Handlungslinien vorgestellt, bei deren Realisierung deutliche Struktureffekte für die Weiterbildung zu erwarten sind. Dabei handelt es sich um

○ das OECD-Programm PIAAC, das umgangssprachlich als *PISA für Erwachsene* bezeichnet wird und Kompetenzmessungen bei Erwachsenen zum Inhalt hat;

○ die Entwicklungen im Bereich technologiebasierter Instrumente zur Leistungs- und Kompetenzmessung.

Die Notwendigkeit, die alltägliche Kompetenzmessung in der Weiterbildung (und nicht nur dort) zu überdenken und strukturell sowie inhaltlich neu auszurichten, wird auch mit Blick auf Konsequenzen für die Weiterbildungspraxis in dem abschließenden Kapitel (7.3) aufgezeigt.

7.1 PIAAC

Aufbauend auf den genannten Studien plant die OECD ein erweitertes Vorhaben im Feld der Kompetenz- bzw. Fähigkeitsmessung von Erwachsenen, das „Programme for the International Assessment of Adult Competencies" (PIAAC). Seit 2008 arbeitet ein internationales Konsortium unter Führung der US-amerikanischen Einrichtung Educational Testing Service (ETS) und unter Mitwirkung von Gesis-ZUMA aus Mannheim, der führenden Beratungs- und Service-Einrichtung in Deutschland für sozialwissenschaftliche Methodenfragen, an der instrumentellen und methodischen Umsetzung der OECD-Vorgaben. Insgesamt haben 27 Staaten ihre Beteiligung zugesagt (z.B. Österreich, Frankreich, Japan, UK und USA sowie auch Deutschland). Die Haupterhebung ist für das Jahr 2011 geplant, die Berichtslegung für das Jahr 2013 (vgl. OECD 2008).

7.1.1 Zielstellung

Während die konkrete Umsetzung von PIAAC unter Experten durchaus kontrovers diskutiert wird, ist die Begründung für eine derartige Studie vergleichsweise unstrittig. Betont werden die Vorteile einer international vergleichenden Erhebung, die es den politischen Entscheidungsträgern besser ermöglicht, den gemeinsamen Herausforderungen zu begegnen. An erster Stelle wird folgende Begründung geliefert:

> Assessing cross-country differences in the level and distribution of competencies – and relating these to economic, social, policy, and contextual conditions – would permit policy makers to assess the comparative strengths and weaknesses of their skill development policies. Such data could facilitate the work of decision-makers in pushing forward necessary policy reforms aimed, for instance, at improving the level and distribution of competencies (OECD 2005c, S. 13).

Hinzu kommen die Hinweise, dass Vergleiche zwischen Staaten mehr Varianz bei der Analyse der Wirkungen unterschiedlicher Rahmenbedingungen und politischer Strategien liefern als nationale Studien und dass sich bei der Realisierung einer solchen Erhebung *Synergieeffekte und Kosteneinsparungen* realisieren lassen. Schließlich wird ausgeführt, dass multinationale Zusammenschlüsse wie zum Beispiel die EU immer mehr dazu übergehen, gemeinsame Ziele zu formulieren und in Form von Kennziffern zu operationalisieren. Eine Überprüfung des Zielerreichungsgrades erfordere dann zwingend international vergleichbare Daten (vgl. ebd.).

Spezieller werden die Zielsetzungen ausgeführt mit Blick auf die geplante Erfassung der Kompetenzanforderungen am Arbeitsplatz (skills used at work), die über die Befragung der Erwerbstätigen erfasst werden sollen (JRA: Job Requirement Approach). Derartige Daten könnten zum Beispiel genutzt werden (vgl. OECD 2006c, S. 6f.):

o   zum Vergleich der Arbeitsmarktrelevanz unterschiedlicher Fähigkeiten,

o   zur Identifikation von Qualifikations- und Kompetenzlücken,

o   zur Feststellung der Arbeitsmarktrelevanz der Fähigkeiten, die über formale Lernkontexte vermittelt werden (sollen),

o   zur Konzipierung von Programmen für Niedrigqualifizierte,

o   zur Analyse der Entwicklungslinien der am Arbeitsplatz benötigten Fähigkeiten bzw. Kompetenzen.

Mit dem *JRA-Modul* würde eindeutig eine starke arbeitsmarkt- und beschäftigungspolitische Akzentsetzung neben die bildungspolitische treten. Es zeigt sich, dass in Verbindung mit PIAAC durchaus ein breites Spektrum von Zielsetzungen und Nutzenerwartungen verknüpft wird. Die jeweilige Konkretisierung und Ausbalancierung derartiger Erwartungen im letztlich zum Einsatz kommenden Erhebungsinstrumentarium sind

Ergebnis von Aushandlungsprozessen zwischen den teilnehmenden Ländern sowie den Fachabteilungen der OECD (Directorate for Employment, Labour and Social Affairs vs. Directorate for Education) mit ihren je spezifischen Erkenntnisinteressen und Prioritäten.

7.1.2 Methodik und Inhalte

Bei Beachtung der bisherigen Weichenstellungen und unter Hinzuziehung aktueller Informationen (vgl. OECD 2008; Schleicher 2008) zeichnen sich folgende Grundlinien ab:

o PIAAC soll über eine Haushaltsbefragung mit einer *repräsentativen Stichprobe* der arbeitsfähigen Bevölkerung realisiert werden (im Alter von 16 bis 65 Jahren). Eingeschlossen sind ausdrücklich auch Nicht-Beschäftigte.

o Als *Stichprobengröße* sind für den Haupttest 5.000 Erwachsene pro Land ins Auge gefasst.

o Die Durchführung der Tests und der Befragung soll *computerbasiert* und mit paper-and-pencil erfolgen. Die Wahl der Erhebungsmethode soll situativ so gewählt werden, dass die Ziele der Erhebung möglichst optimal erreicht werden.

o Die *Gesamtlänge des Interviews* wird mit ca. 90 Minuten veranschlagt.

o Der Fokus der direkten Kompetenz- bzw. Fähigkeitsmessung liegt auf *Literacy im Informationszeitalter*. Darunter ist eine Erweiterung des traditionellen Literacy-Konzepts, wie es beispielsweise bei IALS und ALL verwendet wurde und welches sich auf das Lesen von gedruckten Texten aller Art richtet, zu verstehen. Einbezogen sind Interessen, Einstellungen und Fähigkeiten von Individuen, die es ihnen ermöglichen, auf angemessene Weise am informationstechnisch geprägten Leben teilzuhaben.

o Neben der direkten Messung von Fähigkeiten und Kompetenzen werden auch die am Arbeitsplatz eingesetzten Kompetenzen (skills) erhoben.

o Vorgesehen ist ein sogenannter *Locator-Test*, der eine Filterfunktion erfüllt und die für die Testteilnehmenden jeweils angemessenen Testmodule identifiziert. Für Testteilnehmende, die keine minimalen Lesekompetenzen aufweisen, gibt es ein „Low-level-Modul", das basale Komponenten der Lesefähigkeit (z.B. Worterkennung oder Vokabular) misst. Für Testteilnehmende mit mindestens minimalen Lesekompetenzen, jedoch ohne Vertrautheit mit Informations- und Kommunikationstechnologien (IKT), gibt es einen „Paper-and-Pencil-Literacy-Test". Für Testteilnehmende mit mindestens minimalen Lesekompetenzen und IKT-Vertrautheit kommt ein computerbasierter, adaptiver „ICT-Literacy-Test" zum Einsatz.

o Im sogenannten *Hintergrundfragebogen* (background questionnaire) werden individuelle Kontextvariablen erhoben (demographische Variablen, Bildungshintergrund, berufsbiographische Informationen, Empfangen von Fürsorge-/Sozialleistungen) sowie Variablen, die im Zusammenhang mit dem Arbeitsmarkterfolg stehen (labour market outcomes), wie Intensität der Beschäftigung, Lohnhöhe, Hierarchieposition im Betrieb.

Einer direkten Messung via Test werden drei Kompetenzdomänen unterzogen:
1. Lesekompetenz (assessment of literacy skills),
2. mathematische Kompetenz (assessment of numeracy skills),
3. Problemlösekompetenz in einer technologiereichen Umgebung (assessment of problem-solving in a technology-rich environment).

Hinzu kommt die schon erwähnte Erfassung von Kompetenzen, die am Arbeitsplatz eingesetzt werden (survey of skills used at work). Das mit diesen Kategorien verbundene Verständnis der OECD wird im Folgenden durch drei Originalzitate deutlich:

> Literacy is the ability to understand and use information from written texts in a variety of contexts to achieve goals and further develop knowledge and potential. This is a core requirement for the development of higher-order skills and for positive economic and social outcomes (OECD 2008, S. 7f.).

> Numeracy is the ability to use, apply, interpret, and communicate mathematical information and ideas. It is an essential skill in an age when individuals encounter an increasing amount and wider range of quantitative and mathematical information in their daily lives (ebd.).

> This refers to the ability to use technology to solve problems and accomplish complex tasks. It is not a measurement of computer „literacy", but rather of the cognitive skills required in the information age – an age in which the accessibility of boundless information has made it essential for us to be able to work out what information we need, to evaluate it critically and to use it to solve problems (ebd.).

Schon 2010 werden die entwickelten Testaufgaben und Fragen einem weltweiten Feldtest unterzogen, um auf der Basis dieser Ergebnisse dann die endgültige Fassung des Instrumentariums zu erstellen.

7.1.3 Einschätzung

Bei allen inhaltlichen und methodischen Schwierigkeiten, die mit Großerhebungen (large-scale assessments) der beschriebenen Art verbunden sind, stiften sie Nutzen in vielfältiger Form. Zu betonen ist auch, dass sowohl die nationale wie die europäische Bildungspolitik auf eine Verbreiterung der Datenlage baut, um die notwendigen Entscheidungen besser fundieren zu können (vgl. Gnahs 2008).

Leistungsmessungen im Bildungswesen liefern Hinweise auf Stärken und Schwächen der „Produktionsbedingungen" von Fähigkeiten und Kompetenzen. Ähnlich wie bei PISA wird intensiv hinterfragt, wie ein bestimmter Rangplatz im internationalen

Vergleich zu erklären ist. Dieses *Benchmarking* ist der Ausgangspunkt für Verbesserungs- und Reformüberlegungen, schafft Anstöße zur Reflexion und setzt Energien frei für eine Umgestaltung suboptimaler und veralteter Strukturen.

Zu betonen ist allerdings, dass die PIAAC-Ergebnisse keinen direkten Rückschluss auf die Effizienz des Weiterbildungssystems zulassen, wie das bei PISA und dem Schulsystem geschehen ist. Die Entstehung der Kompetenzen bzw. Fähigkeiten bei Erwachsenen ist keinesfalls nur oder überwiegend der organisierten Weiterbildung zuzurechnen, sondern speist sich, wie oben ausgeführt, aus vielen Quellen: formale und informelle Lernprozesse, Sozialisation, Lernen „en passant" im Kindes- und Jugend- und natürlich auch im Erwachsenenalter. Dennoch ist zu erwarten, dass wie auch immer geartete PIAAC-Resultate auch mit Blick auf das Weiterbildungssystem erörtert werden.

Bessere Verfahren der Leistungs- und Fähigkeitsdiagnose sind auch Voraussetzung für eine bessere Einschätzung der Wirkungen von unterschiedlichen Niveaus von Fähigkeiten und Kompetenzen. Die Analyse der Wirkungen von individuellen Fähigkeitspotenzialen auf gesellschaftliche, ökonomische und individuelle Bereiche liefert wichtiges Basismaterial für politische, institutionelle und persönliche Entscheidungen. Der PISA-Koordinator und Mitgestalter von PIAAC, Andreas Schleicher, pointiert diese Sicht in einem Spiegel-Interview folgendermaßen:

> PIAAC soll beantworten, welche Kompetenzen Menschen in der modernen Gesellschaft erfolgreich machen und wie wir diese Eigenschaften stärken können. Wir wissen derzeit wenig über die Kompetenzen, Einstellungen und Motivationen von Erwachsenen und wie diese sich in der Gesellschaft und der Arbeitswelt entfalten. Leistungsvergleiche sind ein geeignetes Mittel – nicht Selbstzweck – für die erfolgreiche Gestaltung von Bildungsreformen, im Sinne des lebensbegleitenden Lernens (Schleicher 2006, S. 1).

7.2 Technologiebasiertes Assessment (TBA)

Ein weiteres Zukunftsthema für die Weiterbildung wird der Einsatz von „technology-based assessment" (TBA) sein. Dabei handelt es sich um den Einsatz von EDV-Technologie für Prüfungszwecke. Ein dosierter und überlegter Einsatz dieser Möglichkeit würde mehrere Vorteile mit sich bringen:

o Der Einsatz von TBA ermöglicht es, die mit konventionellen Testverfahren verbundenen Kosten zu senken.

o TBA schafft erweiterte Möglichkeiten des Testens und Befragens.

o TBA bietet Chancen, die Motivation der Proband/inn/en zu steigern und die Akzeptanz zu fördern.

Im Besonderen die Erfahrungen mit dem *Projekt TAO* (Testing Assisté par Ordinateur) spezifizieren diese grundsätzliche Vorteilsbetrachtung. So lassen sich für das computerbasierte Testen von Kompetenzen gegenüber den traditionellen Verfahren folgende erweiterte Möglichkeiten nennen:

o   Simulationen zur Messung von kognitiven Fähigkeiten,
o   Erfassen und Analyse der Antwortzeiten,
o   Analyse der Antwortstrategien,
o   Möglichkeiten zum adaptiven Testen,
o   Möglichkeit zum Einsatz von komplexen oder dynamischen Aufgaben (vgl. Martin u.a. 2005).

Die erweiterten Datenerfassungsmöglichkeiten bergen allerdings auch die Gefahr, dass zu viele Daten in die Betrachtung einbezogen werden, die die Auswertungsschritte komplizieren und ggf. sogar die Aussagekraft der Ergebnisse schwächen.

Schließlich bietet das technologiebasierte Testen auch bedeutsame Chancen für eine Verbesserung der Test- und Prüfverfahren generell. Sowohl für Bildungseinrichtungen als auch für Individuen werden zusätzliche Möglichkeiten geschaffen, differenzierte, schnelle und kostengünstige Kompetenzmessungen zur Eigen- oder Fremddiagnostik vorzunehmen. Dieser Transfer bietet wahrscheinlich schon mittelfristig die Chance zu Kostensenkungen bzw. Effizienzgewinnen in weiten Teilen des Bildungswesens.

7.3 Leistungs- und Kompetenzdiagnostik in der Weiterbildung

Neben den Kompetenzmessungen in den großen Studien wie ALL oder PIAAC finden alltäglich zahlreiche Leistungsbeurteilungen in Bildungseinrichtungen und Betrieben mit zum Teil gravierenden Folgen für den weiteren Lebensweg der Beurteilten statt. Die Prüfungs- und Beurteilungspraxis ließe sich durch wissenschaftlich gewonnene Ergebnisse beeinflussen und ggf. auch verbessern, zumindest müssten die Beurteilenden ihre *subjektiven Theorien* bzw. *Alltagshypothesen* (vgl. Kallenbach 1996; Diekmann 1995, S. 23ff.) reflektieren. Dies gilt im Besonderen auch für die Kompetenz- und Fähigkeitsdiagnostik im Zusammenhang mit speziellen Förder- und Unterstützungsmaßnahmen, die auf Personengruppen mit besonderen Problemen (z.B. Analphabetismus) gerichtet sind. Im Besonderen wird auch im Zusammenhang mit der Qualitätsdiskussion in der Weiterbildung der nachgewiesene Lernerfolg als Erfolgskriterium gewertet (*Outputqualität*).

Vor diesem Hintergrund stellen sich die folgenden Forschungsfragen:

o   Welche *Annahmen über gelingendes Lernen* hat die Weiterbildungspraxis?
o   Welche *Methoden zur Überprüfung der Lernleistung* werden in der Weiterbildungspraxis zum Einsatz gebracht?

o Welche *themen- bzw. fachbereichsspezifischen Unterschiede* lassen sich feststellen?

o Welche *institutionellen und gruppenbezogenen Interessen* liegen den jeweils spezifischen Ansätzen zugrunde? Welche Interessengegensätze werden ggf. deutlich?

o Mit welchen *(Alltags-)Theorien* wird der Einsatz spezieller Testverfahren begründet?

o Welche *Annahmen über die Messgenauigkeit* bestehen? Gibt es in dieser Hinsicht themen- oder einrichtungsspezifische Unterschiede?

o Wo werden *Verbesserungsnotwendigkeiten* und Schwachstellen gesehen?

Die Praxis der Kompetenzmessung ist vor dem Hintergrund wissenschaftlich fundierter und methodisch weitgehend abgesicherter Verfahren einzuschätzen und zu bewerten. Es wird vor allem darum gehen, die bei PISA und bei den großen Erhebungen im Erwachsenenbereich IALS, ALL und demnächst PIAAC eingesetzte Methodik als Referenz zu benutzen. Dabei stehen folgende Forschungsfragen im Mittelpunkt:

o Welche *Messkonzepte* werden bei den genannten large-scale assessments eingesetzt?

o Welche *theoretische Fundierung* liegt diesen Konzepten zugrunde?

o Wie ist die *Nutzen-Ertrags-Konstellation* dieser Messkonzepte zu beurteilen?

o In welcher Weise korrelieren die methodisch exakten Messungen mit den Messungen, die in der Praxis üblich sind?

o Welche *Transfermöglichkeiten* werden gesehen zwischen den wissenschaftsbasierten und den praxisbasierten Messungen?

Die Ergebnisse dieser Analysen können die Beurteilung der Messgenauigkeit unterschiedlicher Kompetenz-Messverfahren ermöglichen. Im Besonderen zielt ein solcher Ansatz auf eine verbesserte Kompetenzmessung in der Weiterbildung, die zunehmend auch vor die Aufgabe gestellt sein wird, Kompetenzen, die außerhalb organisierter Bildungsprozesse erworben worden sind, festzustellen, zu quantifizieren und zu zertifizieren.

Ein erster Schritt in diese Richtung ist mit einer kürzlich erschienenen Praxishilfe gegangen worden (vgl. Strauch/Jütten/Mania 2009), in der Instrumente und Methoden der Kompetenzerfassung im Weiterbildungsbereich vorgestellt werden. Dieser Band liefert für die Weiterbildungspraxis wertvolle Anregungen und Impulse, die geeignet sind, die diagnostische Kompetenz des Weiterbildungspersonals zu erhöhen.

ZUR REFLEXION

○ Sehen Sie noch weitere Zukunftsfelder für die Kompetenzdebatte?

○ Sind Sie selbst auf diese Entwicklungen vorbereitet? Welche Entwicklungsbedarfe sehen Sie für sich persönlich?

○ Welche Änderungen im Anforderungsprofil von Weiterbildner/inne/n ergeben sich aus diesen Entwicklungen?

○ Wie beurteilen Sie die Testpraxis in Weiterbildungseinrichtungen?

○ Sammeln Sie Material über die geplante PIAAC-Studie der OECD und verfolgen Sie die Entwicklung.

○ Konstruieren Sie an Ihrem Rechner mithilfe eines frei verfügbaren Programms zur Erstellung von Fragebögen (z.B. GRAFSTAT) einen kleinen Test und setzen Sie diesen ein.

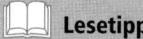 **Lesetipp**

Bjørnåvold, J. (2000): Making Learning Visible. Thessaloniki

Glossar

ALL

Der Adult Literacy and Lifeskills Survey (ALL), der ohne deutsche Beteiligung in bisher sieben Staaten durchgeführt wurde, ist inhaltlich und methodisch eine Weiterentwicklung der IALS-Studie. Erhoben wurden auch hier Daten zur Lesefähigkeit, zur Rechenfähigkeit und zusätzlich zur Fähigkeit zum Problemlösen. Die Ergebnisse wurden 2005 veröffentlicht. Eine zweite Welle von ALL mit weiteren Staaten ist angelaufen.

Beurteilung

Als Beurteilung wird eine schriftlich festgehaltene Fremdbewertung bezeichnet, die auf Ermittlungsverfahren mit eingeschränkten Standards und Referenzniveaus basiert. Beurteilt werden sowohl Fachkompetenz als auch überfachliche Kompetenzen. Für die Beurteilung sind die vollzogenen Wege der Aneignung unerheblich. Sie hat eine sektorale und damit eingeschränkte Verkehrsgeltung.

Deutscher Qualifikationsrahmen (DQR)

Der Deutsche Qualifikationsrahmen ist die nationale Umsetzung des Europäischen Qualifikationsrahmens. Er besteht aus einer bildungsbereichsübergreifenden Matrix mit acht Niveaustufen mit jeweils vier Deskriptoren zur Beschreibung der jeweiligen Anforderungsstruktur. Die Deskriptoren gliedern sich in „Fachkompetenz" mit den Unterkategorien „Wissen" und „Fertigkeiten" sowie „personale Kompetenz" mit den Unterkategorien „Sozialkompetenz" und „Selbstkompetenz".

Dispositionen

Dispositionen sind Persönlichkeitseigenschaften, die vergleichsweise stabil im Lebensverlauf sind. Auflistungen und Schemata zur Kategorisierung von Persönlichkeiten sind vielfältig und werden in den Fachwissenschaften, im Besonderen der Psychologie, kontrovers diskutiert.

Europäischer Qualifikationsrahmen (EQR)

Im Zusammenhang mit den Anstrengungen zur Durchsetzung des Konzepts vom Lebenslangen Lernen und der damit einhergehenden Neubewertung non-formal und informell erworbener Kompetenzen wird versucht, Qualifikationen und Kompetenzen zu vergleichen bzw. vergleichbar zu machen. Dabei spielt der Europäische Qualifikationsrahmen (European Qualifications Framework – EQF) eine zentrale Rolle. Er enthält eine Zuordnungsmatrix, die acht Niveaustufen mit drei Lernergebnisbereichen (learning outcomes) kombiniert; diese sind: Kenntnisse, Fertigkeiten und Kompetenzen.

Fertigkeiten

Fertigkeiten stellen auf die sensumotorischen Aspekte des individuellen Leistungsvermögens ab. Es geht zum Beispiel um das handwerkliche Geschick, die Fingerfertigkeit, das Beherrschen von „Techniken", aber auch um das physische Sprachvermögen, die Fähigkeit zu prononcieren oder einen hohen Ton zu singen, um die Nutzung aller Sinne. Fertigkeiten werden häufig durch Üben und Training „eingeschliffen" und vervollkommnet, sie laufen in vielen Fällen quasi automatisiert oder routiniert ab, in anderen Fällen werden sie sehr bewusst und gezielt eingesetzt. Auch Fertigkeiten unterliegen wie die Wissensbestände der „Abnutzung" und der „Aufstockung".

Formales Lernen

Der Begriff „formales Lernen" (formal learning) umfasst alle Lernprozesse, die zu einem anerkannten Abschluss führen bzw. auf ihn vorbereiten (Regelsystem). Formales Lernen findet in einem institutionellen Rahmen (z.B. Schule, Universität) statt, in dem das Lernen durch professionelles Personal organisiert, gesteuert, bewertet und zertifiziert wird. Die vergebenen Zertifikate, Zeugnisse, Diplome u.Ä. werden staatlich anerkannt und verleihen im Regelfall Berechtigungen für den Einstieg in andere Bildungsgänge bzw. die Ausübung einer Berufstätigkeit. Die Teile des Bildungssystems sind aufeinander abgestimmt und hierarchisiert, womit bestimmte Bildungslaufbahnen vorgezeichnet sind.

IALS

Eine der ersten großen internationalen Erhebungen zur Kompetenzerfassung ist der International Adult Literacy Survey (IALS), der, bezogen auf die Jahre 1994 bzw. 1998, Daten zur Lesefähigkeit von Erwachsenen zur Verfügung stellt. Lesefähigkeit umfasst dabei drei Teildimensionen: prose literacy, document literacy und quantitative literacy. Der Endbericht erschien im Jahre 2000.

Indikator

Viele Merkmale von Personen, Gegenständen etc. entziehen sich einer direkten Beobachtung: Ob eine Person „autoritär", „intelligent" oder „empathisch" ist, erschließt sich nicht auf den ersten Blick. In solchen Fällen müssen Indikatoren gefunden werden, die direkt beobachtet werden können und deren Auftreten einen plausiblen Rückschluss auf das eigentlich zu erfassende Phänomen zulässt. Der Indikator zeigt also das nicht direkt Beobachtbare an, liefert Anhaltspunkte für das Vorhandensein bzw. auch die Intensität des untersuchten Phänomens.

Informelles Lernen

Informelles Lernen ist intentional: Die Lernenden wissen, dass sie lernen, sie haben konkrete Lernabsichten und können die Lernhandlung von anderen Aktivitäten abgrenzen. Informelles Lernen erfolgt in der Regel nicht in einem speziellen für Lernzwecke reservierten Rahmen und wird nicht durch professionelles Lehrpersonal angeleitet oder begleitet. Es ist eingebettet in Alltagsvollzüge am Arbeitsplatz, in der Familie oder im sozialen Umfeld. Es ist in hohem Maße selbstgesteuert und zielt nicht vorrangig auf das Erreichen von Abschlüssen oder Zertifikaten.

Intervallskala

Bei der Intervallskala sind die Abstände zwischen zwei Messwerten eindeutig definiert: Über eine definierte Maßeinheit wird festgelegt, dass z.B. der Abstand zwischen den Messwerten „15" und „16" genauso groß ist wie der zwischen den Messwerten „99" und „100". Vom nächsthöheren Messniveau unterscheidet sich die Intervallskala dadurch, dass sie keinen natürlichen Nullpunkt hat, dieser also von den Konstrukteuren der Maßeinheit bzw. des Messinstruments gesetzt wird.

Kompetenz

Das lateinische Wort „competentia" bezeichnet in deutscher Übersetzung das Substantiv „Zusammentreffen", das Adjektiv „competens" lässt sich mit „angemessen" ins Deutsche übertragen. Eine Kompetenz ist demnach die Fähigkeit zur erfolgreichen Bewältigung komplexer Anforderungen in spezifischen Situationen. Kompetentes Handeln schließt den Einsatz von Wissen, von kognitiven und praktischen Fähigkeiten genauso ein wie soziale und emotionale Verhaltenskomponenten (Haltungen, Gefühle, Werte und Motivationen). Eine Kompetenz ist also zum Beispiel nicht reduzierbar auf ihre kognitive Dimension.

Lernen „en passant"

Lernen „en passant" wird definiert als nicht-intentionales, unbewusstes und nicht verbalisierbares Lernen. Es entwickelt sich in Handlungs- und Lebenszusammenhängen, bei denen es nicht primär auf den Kompetenzzuwachs ankommt, sondern auf das situative Agieren und Reagieren, auf das Erreichen bestimmter Ziele und das Lösen akuter Probleme. Den handelnden Personen ist nicht bewusst, dass sie lernen, sie können den impliziten Lernvorgang auch nachträglich nur schwer periodisch zuordnen bzw. überhaupt identifizieren.

Memorandum über Lebenslanges Lernen

Richtungweisendes Dokument der EU aus dem Jahre 2000. Es handelt sich um ein Strategiepapier, mit dem das Lebenslange Lernen als Schlüsselbegriff in die bildungspolitische Debatte gebracht worden ist. Es vermittelt sechs Schlüsselbotschaften: 1. Neue Basisqualifikationen für alle; 2. Höhere Investitionen in die Humanressourcen; 3. Innovation in den Lehr- und Lernmethoden; 4. Bewertung des Lernens; 5. Umdenken in Berufsberatung und Berufsorientierung; 6. Das Lernen den Lernenden auch räumlich näherbringen.

Messung

Messen ist ganz allgemein das Zuordnen von Zahlen oder Symbolen zu Objekten. Im weitesten Sinne geht es darum, die Ausprägungen von Variablen vergleichbar zu machen. Die Messung sollte dabei so erfolgen, dass die Relationen unter den Zahlenwerten bzw. Symbolen den Relationen unter den Objekten entsprechen. Das Messniveau unterscheidet sich nach der verwendeten Messskala: Nominalskala, Ordinalskala, Intervallskala, Ratio- oder Verhältnisskala.

Motivation

Bei Motivationen handelt es sich um die emotionalen Antriebskräfte und Interessen, die das individuelle Handeln anregen, auslösen und in seiner Intensität bestimmen. Motive schließen die Handlung in ihrer Aufwands- und Ertragsdimension mit ein, berücksichtigen also die Anstrengung der Handlungsausführung und die erwartete „Belohnung".

Nicht-formales Lernen

Beim nicht-formalen Lernen handelt es sich um organisierte Bildungsprozesse außerhalb des Regelsystems. Der geforderte institutionelle Kontext beschränkt sich nicht nur auf Bildungseinrichtungen, sondern greift darüber hinaus (z.B. Betriebe, Vereine). Im Regelfall wird aber speziell ausgebildetes Personal zur Lehre eingesetzt. Nicht-formales Lernen wird von Personen aller Altersgruppen praktiziert und kann auch zu Abschlüssen führen. Die Dauer solcher Bildungsmaßnahmen ist durchschnittlich deutlich kürzer als bei solchen in formalen Systemen.

Nominalskala

Beim Messen auf Nominalskalenniveau handelt es sich um die einfachste Form des Messens. Für das jeweilige Untersuchungsobjekt wird lediglich festgestellt, ob das bezeichnete Merkmal vorhanden ist oder nicht. Die Untersuchungsobjekte werden nach den zu untersuchenden Eigenschaften klassifiziert.

Objektivität

Unter Objektivität wird verstanden, dass das Messergebnis vom Messenden unabhängig, dass es intersubjektiv vergleichbar ist. Prinzipiell kann die Objektivität einer Messung bei der Datenerhebung (Durchführungsobjektivität) und bei der Datenauswertung (Auswertungsobjektivität) beeinträchtigt werden.

Operationalisierung

Unter Operationalisierung wird verstanden, dass (Forschungs-)Operationen festgelegt werden, mit deren Hilfe entscheidbar wird, ob ein begrifflich bezeichnetes Phänomen vorliegt bzw. in welchem Grade es vorliegt.

Ordinalskala

Beim Messen auf Ordinalskalenniveau können die Untersuchungsobjekte hinsichtlich des betrachteten Merkmals in eine Rangreihe gebracht werden. Das bedeutet, dass das Merkmal mehrere Merkmalsausprägungen aufweist, die sich hinsichtlich ihrer Stärke, Größe oder Intensität unterscheiden.

PIAAC

Aufbauend auf IALS, ALL und PISA plant die OECD ein erweitertes Vorhaben im Feld der Kompetenz- bzw. Fähigkeitsmessung von Erwachsenen, das „Programme for the International Assessment of Adult Competencies" (PIAAC), das populär als „PISA für Erwachsene" firmiert. Während die konkrete Umsetzung von PIAAC noch diskutiert wird, ist die Begründung für eine derartige Studie vergleichsweise unstrittig. Betont werden die Vorteile einer international vergleichenden Erhebung, die es den politischen Entscheidungsträgern besser ermöglicht, den gemeinsamen Herausforderungen zu begegnen.

Prüfung

Prüfungen sind Leistungstests (im Regelfall am Ende eines Kurses), bei denen festgelegte Aufgaben unter kontrollierten, festgelegten Bedingungen gelöst werden müssen. Prüfungen weisen einen Rückbezug zum vorangegangenen Lernprozess auf, gehen aber auch darüber hinaus, indem sie sich als Indikator für ein bestimmtes Mindestniveau der speziellen Kompetenz verstehen, nicht aber die Kompetenz direkt messen.

Qualifikation

Unter Qualifikationen werden definierte Bündel von Wissensbeständen und Fähigkeiten, die in organisierten Qualifizierungs- bzw. Bildungsprozessen vermittelt werden, verstanden. Der Erfolg dieser Vermittlungsbemühungen wird gewöhnlich durch Prüfungen evaluiert und testiert. Im Besonderen im Bereich beruflicher Qualifizierungsprozesse sind die Inhalte so konzipiert, dass eine berufliche bzw. praktische Verwertbarkeit gegeben ist. Konzeptionell wird angestrebt, die Absolventen zu kompetentem Handeln zu befähigen (z.B. durch Praktika, Rollenspiele, Projekte), mit anderen Worten: ein Kompetenzpotenzial anzulegen.

Reliabilität

Unter Reliabilität wird verstanden, welchen Grad von Zuverlässigkeit ein Messinstrument aufweist: Das Ausmaß der Reliabilität zeigt an, wie stark wiederholte Messungen bei unterstellter Konstanz der zu messenden Eigenschaft voneinander abweichen.

Schlüsselkompetenzen

Schlüsselkompetenzen sind diejenigen Kompetenzen, die alle Menschen für ihre persönliche Entfaltung, soziale Integration und Teilhabe, aktive Bürgerschaft und Erwerbstätigkeit benötigen.

Selbsteinschätzung

Die Selbsteinschätzung beruht auf der individuellen Beurteilung der Lernenden und ist häufig prozessorientiert. Die Selbsteinschätzung setzt ein Mindestmaß an Reflexion der (Lern-)Tätigkeiten, des Aufwands und der persönlichen Kenntnisse und Fähigkeiten voraus.

Sozialisation

Unter Sozialisation wird ein Prozess verstanden, durch den Menschen im Umgang mit anderen Menschen, Gruppen und Organisationen sozial handlungsfähig werden, indem sie Normen und Werte der Gesellschaft kennenlernen und verinnerlichen. Nur dann sind sie in der Lage, soziale Rollen wie die Berufs- oder Elternrolle gesellschaftsadäquat auszufüllen. Bei der Sozialisation handelt es sich um einen elementaren Vorgang, der praktisch mit der Geburt beginnt und erst mit dem Tode endet.

Technologiebasiertes Assessment (TBA)

Bei TBA (englisch: technology-based assessment) handelt es sich um den Einsatz von EDV-Technologie für Prüfungszwecke.

Teilnahmebescheinigung

Teilnahmebescheinigungen belegen die Teilnahme an einem Lernprozess. Ihre Aussagekraft verbindet sich mit der Annahme, dass über die Teilnahme auch die intendierten Kompetenzen ganz oder teilweise erlangt worden sind.

Test

Tests sind Zusammenstellungen von Fragen und Aufgaben, um den Wissens- bzw. Kenntnisstand der Testpersonen festzustellen. Das Testergebnis wird beispielsweise als Indikator interpretiert für die Eignung von Bewerbern; das Bestehen einer Prüfung gilt als Kompetenznachweis. Die Fragestellungen sind meist eindeutig und klar, die möglichen Antworten leicht als richtig oder falsch zu klassifizieren (z.B. durch Multiple Choice).

Validität

Unter Validität wird verstanden, ob das Messinstrument tatsächlich das misst, was es vorgibt zu messen. Die Validierung eines Messinstruments erfolgt im Regelfall über die Kopplung mit einem Außenkriterium, das – fachlich begründet – inhaltlich hohe Relevanz aufweist. Die Stärke der Korrelation zwischen dem Messergebnis und dem Auftreten des Außenkriteriums böte dann ein Maß für die Validität.

Verhältnisskala

Die Verhältnis- bzw. Ratioskala repräsentiert das höchste Messniveau. Sie hat einen natürlichen Nullpunkt und erlaubt alle Arten von Rechenoperationen. Typische Merkmale auf Verhältnisskalenniveau sind „Einkommen", „Körpergröße" und „Zahl der Schuljahre".

Werte

Bei Werten handelt es sich um Haltungen und Einstellungen, die Personen gegenüber Dingen, Personen oder Personengruppen sowie gegenüber Ideen und Verhaltensweisen entwickeln bzw. entwickelt haben. Derartige Werte können religiös, politisch oder kulturell unterlegt sein, aber auch in familiären oder organisatorischen Kontexten gründen.

Wissen

Bei „Wissen" handelt es sich um die Kenntnisse von Fakten und Regeln, die dem Individuum abrufbar zur Verfügung stehen. Faktenwissen bezieht sich z.B. auf Einzelereignisse, auf Ortsangaben oder auf Begriffe und ihre Verwendung. Regelkenntnisse sind zum Beispiel die Kenntnis der binomischen Formel, grammatische Regeln oder das Wissen, wie man eine Landkarte liest bzw. eine Maschine bedient. Wissen ist unterschiedlich komplex, besitzt unterschiedliche Reichweiten und Spezialisierungsgrade. Die individuellen Wissensbestände unterliegen einer kontinuierlichen Umschichtung durch Veralten des Wissens, durch Vergessen und durch das Hinzufügen neuer Wissensbestände.

Zertifizierung

Die Zertifizierung ist eine schriftlich fixierte Fremdbewertung, die in der Regel auf einer externen Prüfung basiert, outputorientiert und an fachlichen Kompetenzen orientiert ist. In der Regel wird die Bewertung anhand von (Mindest-)Standards und Referenzniveaus vorgenommen. Eine Zertifizierung hat im Regelfall eine allgemein anerkannte Verkehrsgeltung und ist zumeist mit Berechtigungen wie dem weiterführenden Besuch einer Bildungsinstitution oder der Einstufung in ein Gehaltssystem verbunden.

Annotierte Literatur

Bjørnåvold, J. (2000): Making Learning Visible. Thessaloniki

Die Studie des Norwegers Jens Bjørnåvold im Auftrag des European Center for the Development of Vocational Training (Cedefop) gehört zu den „Klassikern". Sie schärft den Blick für die Probleme und Notwendigkeiten, die aus den Beschlüssen der EU zum lebenslangen Lernen resultieren. Sie bietet aber auch eine Fülle von Anregungen aus vielen Ländern Europas, wie informell oder nicht-formal erworbene Kompetenzen sichtbar gemacht werden können. Hinzuweisen ist noch auf ein ausführliches Glossar, das eine gute Übersetzungshilfe für den europäischen Sprachgebrauch liefert.

Diekmann, A. (2007): Empirische Sozialforschung. Reinbek bei Hamburg

Andreas Diekmann, Professor für Soziologie an der ETH Zürich, ist einer von zahlreichen Verfassern von Einführungen in die Methoden der empirischen Sozialforschung. Er versteht es, die Leser/innen durch zum Teil kuriose und kenntnisreich gewählte Beispiele, durch eine klare Sprache, durch gute Strukturierung und durch ein hohes Maß an Anschaulichkeit über die Untersuchungsplanung, Messung und Skalen, Untersuchungsdesigns, Erhebungsmethoden und Datenauswertung zu informieren. Ein zusätzliches Plus ist, dass dies nicht affirmativ getan wird, sondern methodenkritisch, dabei die Vor- und Nachteile einzelner Verfahren abwägend.

Erpenbeck, J./Rosenstiel, L.v. (2003): Handbuch Kompetenzmessung. Stuttgart

John Erpenbeck, ehemaliger Bereichsleiter Grundlagenforschung bei QUEM, und Lutz von Rosenstiel, Professor für Organisations- und Wirtschaftspsychologie an der LMU München, haben im über 600 Seiten starken Handbuch rund 50 Beispiele für Instrumente zur Kompetenzerfassung bzw. -messung zusammengetragen. Das alleine macht dieses Werk schon zu einer Fundgrube. Die Herausgeber haben zusätzlich noch einen besonderen Service eingebaut, indem sie alle Beispiele anhand eines einheitlichen Rasters kategorisieren und beurteilen. Die vorgestellten Verfahren richten sich auf Einzelkompetenzen oder Kompetenzkombinationen, auf Kompetenzbilanzen und auf übergreifende Kompetenzgitter. Abgerundet wird die Darstellung durch Hinweise auf kommerzielle Anbieter und ausländische Beispiele.

Illeris, K. (2006): Das „Lerndreieck". In: Nuissl, E. (Hg.): Vom Lernen zum Lehren. Lern- und Lehrforschung für die Weiterbildung. Bielefeld, S. 29–41

Knud Illeris, Professor an der Danish University of Education in Kopenhagen, stellt ein Rahmenkonzept für ein übergreifendes Verständnis vom menschlichen Lernen vor. Dabei greift er auf eine Vielzahl bekannter Lerntheorien zurück, arbeitet die Gemeinsamkeiten und Unterschiede heraus und macht einen Integrationsversuch. Er positioniert die Einzelansätze im Titel gebenden Lerndreieck, dessen Eckpunkte „Wahrnehmung", „Emotion" und „Gesellschaft" sind. Der Text ist ein im doppelten Sinne des Wortes „fremder Blick" auf lerntheoretische Erörterungen in Deutschland und liefert viele und interessante Anregungen.

Arbeitsgemeinschaft Qualifikations-Entwicklungs-Management (Hg.) (1997): Kompetenzentwicklung '97. Berufliche Weiterbildung in der Transformation – Fakten und Visionen. Münster u.a.

Der Band „Kompetenzentwicklung '97" liefert mehrere Beiträge, die sich explizit mit Fragen der Kompetenzmessung und -erfassung beschäftigen. Das Thema wird theoretisch und praktisch erschlossen. Die Beiträge werden drei Blöcken zugeordnet, die die folgenden Überschriften tragen: „Kompetenzen messen und bewerten", „Grundlagendiskussion" und „Forschung und Entwicklung". Die Autoren kommen aus unterschiedlichen Disziplinen und Denktraditionen, so dass eine anregende Vielfalt von Perspektiven entsteht.

Report. Literatur- und Forschungsreport Weiterbildung (2002): Kompetenzentwicklung statt Bildungsziele? H.49

URL: www.die-bonn.de/esprid/dokumente/doc-2002/nuissl02_02.pdf#page=1 (Das Heft steht unter angegebener Adresse im zitierfähigen Format zum kostenlosen Download zur Verfügung.)

In diesem REPORT-Heft sind viele namhafte Autoren aus der Erziehungswissenschaft vertreten und beleuchten aus unterschiedlichen Blickwinkeln die Gemeinsamkeiten und Unterschiede von Kompetenzentwicklung und Bildung. Dies geschieht sehr kontrovers und zugespitzt und von daher anregend und informativ. Es ist gleichsam auch der Versuch, Traditionslinien zu bewahren und sich mit der Wertebasis des Fachs auseinanderzusetzen.

Rychen, D.S./Salganik, L.H. (Hg.) (2003): Key Competencies for a Successful Life and a Well-Functioning Society. Göttingen

Das Buch der Schweizerin Dominique Simone Rychen und der US-Amerikanerin Laura Hersh Salganik bildet den Abschluss des OECD-Projekts „Definition and Selection of Competencies: Theoretical and Conceptual Foundations", welches unter dem Kürzel DeSeCo bekannt geworden ist. Eine international zusammengesetzte Gruppe von Wissenschaftler/inne/n hat in rund drei Jahren einen theoretischen Rahmen geschaffen, der vergleichsweise hohe Akzeptanz gefunden hat und als Grundlagenarbeit bei den einschlägigen Großerhebungen Berücksichtigung findet. Der Kern des Textes sind sechs Aufsätze, die das Thema „Kompetenzmessung" aus unterschiedlichen Blickwinkeln beleuchten: von der Entwicklung des Kompetenzmodells bis hin zur Entfaltung einer langfristigen Strategie für internationale Kompetenzmessungen, die im Übrigen von Andreas Schleicher, dem „PISA-Macher", verfasst worden ist.

Statistics Canada/Organisation for Economic Co-operation and Development (2005): Learning a Living. First Results of the Adult Literacy and Life Skills Survey. Ottawa/Paris

Statistics Canada und die OECD haben eine ergiebige Ergebniszusammenstellung veröffentlicht, die verdeutlicht, welche Aussagekraft international vergleichende Studien entfalten können. Für einen großen Teil der Analysen lässt sich unter Rückgriff auf die IALS-Daten sogar eine kleine Zeitreihe bilden. Mustergültig ist auch die Ergebnispräsentation, die zugleich präzise und detailliert ist, aber auch über die zahlreichen Graphiken Überblick verschafft. Die Darstellung der Methoden ist in einem gesonderten Band erfolgt.

Strauch, A./Jütten, S./Mania, E. (2009): Kompetenzerfassung in der Weiterbildung. Instrumente und Methoden situativ anwenden. Bielefeld

Das Buch versteht sich zuerst einmal als Praxishilfe, indem es zahlreiche Methoden zur Kompetenzerfassung vorstellt und zur Nachahmung anregt. Der theoretische Vorlauf wird bewusst knapp gehalten und beschränkt sich auf das absolut Notwendige. Zahlreiche Literaturhinweise ermöglichen bei Bedarf die vertiefende Lektüre von Texten zur wissenschaftlichen Kompetenzdiskussion.

Literatur

Arbeitsgemeinschaft Betriebliche Weiterbildungsforschung (2005): Kompetenzdokumentationen für informell erworbene berufsrelevante Kompetenzen. Berlin

Arbeitsgemeinschaft Betriebliche Weiterbildungsforschung (2006): Herausforderungen der Zukunft. Beschluss der Mitgliederversammlung der ABWF vom 14.09.2006. In: Quem-Bulletin, H. 6, S. 1–3

Arbeitskreis Deutscher Qualifikationsrahmen (2009): Diskussionsvorschlag eines Deutschen Qualifikationsrahmens für lebenslanges Lernen. Bonn. URL: www.deutscherqualifikationsrahmen. de (Stand: 13.04.2010)

Arnold, R. (2001): Kompetenz. In: Arnold, R./Nolda, S./Nuissl, E. (Hg.): Wörterbuch Erwachsenenpädagogik. Bad Heilbrunn/Obb., S. 176

Arnold, R./Bloh, E. (2001): Grundlagen der Personalentwicklung im lernenden Unternehmen – Einführung und Überblick. In: Dies. (Hg.): Personalentwicklung im lernenden Unternehmen. Baltmannsweiler, S. 5–40

Arnold, R./Krämer-Stürzl, A./Siebert, H. (1999): Dozentenleitfaden. Planung und Unterricht in Fortbildung und Erwachsenenbildung. Berlin

Arnold, R./Siebert, H. (1995): Konstruktivistische Erwachsenenbildung. Baltmannsweiler

Autorengruppe Bildungsberichterstattung (2008): Bildung in Deutschland 2008. Bielefeld

Baitsch, C. (1998): Lernen im Prozess der Arbeit – zum Stand der internationalen Forschung. In: Arbeitsgemeinschaft Qualifikations-Entwicklungs-Management (Hg.): Kompetenzentwicklung '98. Münster u.a., S. 269–337

Beden, M./Janßen, V. (2005): Arbeitszeugnisse. 4. Aufl. München

Bergmann, B. (1996): Lernen im Prozess der Arbeit. In: Arbeitsgemeinschaft Qualifikations-Entwicklungs-Management (Hg.): Kompetenzentwicklung '96. Münster u.a., S. 153–262

Bernien, M. (1997): Anforderungen an eine qualitative und quantitative Darstellung der beruflichen Kompetenzentwicklung. In: Arbeitsgemeinschaft Qualifikations-Entwicklungs-Management (Hg.): Kompetenzentwicklung '97. Münster, S. 17–83

Biehal, F. (1998): Zeitgemäße Aufgaben der Personalentwicklung. In: Biehal, F./Kailer, N./Schrems, B. (Hg.): Personalentwicklung in Praxisfällen. Wien, S. 3–28

Binkley, M. u.a. (2005): Moving Towards Measurement: The Overarching Conceptual Framework for the ALL Study. In: Murray T.S. u.a., a.a.O., S. 46–86

Bjørnåvold, J. (2000): Making Learning Visible. Identification, Assessment and Recognition of Non-formal Learning in Europe. Thessaloniki

Borkenau, P./Ostendorf, F. (1993): NEO-Fünf-Faktoren-Inventar (NEO-FFI) nach Costa und McCrae. Göttingen

Bouder, A. (2006): Der Europäische Qualifikationsrahmen – Ein kritischer Blick mit französischen Augen. In: BWP, H. 5, S. 8–12

Bower, G.H./Hilgard, E.R. (1984): Theorien des Lernens, Bd. I. Stuttgart

Brunnbauer, E./Haller, G./Zucal, C. (o.J.): KOM(petenzen)PASS. o.O.

Bundesamt für Statistik (2005): Grundkompetenzen von Erwachsenen. Erste Ergebnisse der ALL-Erhebung (Adult Literacy and Lifeskills). Neuchâtel

Bundesinstitut für Berufsbildung (2005): Europäischer Qualifikationsrahmen (EQF). Stellungnahme des Hauptausschusses des Bundesinstituts für Berufsbildung. Pressemitteilung 47/2005 vom 16.12.2005. Bonn

Bundesinstitut für Berufsbildung/Institut für Entwicklungsplanung und Strukturforschung an der Universität Hannover/Institut der deutschen Wirtschaft (1998): Formen arbeitsintegrierten Lernens. Möglichkeiten und Grenzen der Erfaßbarkeit. QUEM-report, H. 53

Bundesministerium für Bildung und Forschung (Hg.) (2001): Aktionsprogramm „Lebensbegleitendes Lernen für alle". Bonn

Bundesministerium für Bildung und Forschung (Hg.) (2005): Berufsbildungsbericht 2005. Bonn/Berlin

Bundesministerium für Bildung und Forschung (2006): Exzellenz in Bildung und Forschung – mehr Wachstum durch Innovation. Leitlinien der Bildungs- und Forschungspolitik. Bonn

Bundesministerium für Bildung und Forschung (Hg.) (2009): Berufsbildungsbericht 2009. Bonn/Berlin

Bund-Länder-Kommission für Bildungsplanung und Forschungsförderung (2004): Strategie für Lebenslanges Lernen in der Bundesrepublik Deutschland. Materialien zur Bildungsplanung und zur Forschungsförderung, H. 115

Chomsky, N. (1973): Aspekte der Syntax-Theorie. Frankfurt a.M.

Ciompi, L. (1997): Die emotionalen Grundlagen des Denkens. Göttingen

Dehnbostel, P. (2001): Perspektiven für das Lernen in der Arbeit. In: Arbeitsgemeinschaft Qualifikations-Entwicklungs-Management (Hg.): Kompetenzentwicklung 2001. Münster u.a., S. 53–93

Dehnbostel, P./Gillen, J. (2005): Kompetenzentwicklung, reflexive Handlungsfähigkeit und reflexives Handeln in der Arbeit. In: Gillen, J. u.a. (Hg.): Kompetenzentwicklung in vernetzten Lernstrukturen. Bielefeld, S. 27–42

Dehnbostel, P./Neß, H./Overwien, B. (2009): Der Deutsche Qualifikationsrahmen (DQR) – Positionen, Reflexionen und Optionen. Gutachten im Auftrag der Max-Traeger-Stiftung. Frankfurt a.M.

Deutscher Verein für öffentliche und private Fürsorge e.V. (2009): Stellungnahme des Deutschen Vereins zum Diskussionsvorschlag eines Deutschen Qualifikationsrahmens für lebenslanges Lernen (DQR). DV 17/09 AF I vom 30. September 2009. Berlin

Deutsches Institut für Erwachsenenbildung/Deutsches Institut für Internationale Pädagogische Forschung/Institut für Entwicklungsplanung und Strukturforschung an der Universität Hannover (2004): Machbarkeitsstudie im Rahmen des BLK-Verbundprojekts „Weiterbildungspass mit Zertifizierung informellen Lernens". Berlin

Deutsches Institut für Erwachsenenbildung/Deutsches Institut für Internationale Pädagogische Forschung/Institut für Entwicklungsplanung und Strukturforschung an der Universität Hannover (2006): BLK-Verbundprojekt „Weiterbildungspass mit Zertifizierung informellen Lernens" (ProfilPASS). Endbericht der Erprobungs- und Evaluierungsphase. Frankfurt a.M.

Diekmann, A. (1995): Empirische Sozialforschung. Grundlagen, Methoden, Anwendungen. Reinbek bei Hamburg

Dohmen, G. (2001): Das informelle Lernen. Die internationale Erschließung einer bisher vernachlässigten Grundform menschlichen Lernens für das lebenslange Lernen aller. Bonn

Drexel, I. (1997): Die bilans de compétences – ein neues Instrument der Arbeits- und Bildungspolitik in Frankreich. In: Arbeitsgemeinschaft Qualifikations-Entwicklungs-Management (Hg.): Kompetenzentwicklung '97. Münster u.a., S. 197–249

Edelmann, W. (1993): Lernpsychologie. Eine Einführung. Weinheim

Erpenbeck, J. (2003): KODE – Kompetenz-Diagnostik und -entwicklung. In: Erpenbeck, J./Rosenstiel, L.v. (Hg.): Handbuch Kompetenzmessung. Stuttgart, S. 365–385

Erpenbeck, J./Rosenstiel, L.v. (Hg.) (2003a): Handbuch Kompetenzmessung. Stuttgart

Erpenbeck, J./Rosenstiel, L.v. (2003b): Einführung. In: Dies. (Hg.) (2003a): a.a.O., S. IX–XL

Europäische Kommission (2000): Memorandum über Lebenslanges Lernen. SEK(2000) 1832. Brüssel (30.100.2000)

Europäische Kommission (2001): Einen europäischen Raum des Lebenslangen Lernens schaffen. KOM(2001) 678 endgültig. Brüssel

Europäische Kommission (2005): Auf dem Weg zu einem europäischen Qualifikationsrahmen für Lebenslanges Lernen. SEK 957. Brüssel

Europäische Kommission (2006): Vorschlag für eine Empfehlung des Europäischen Parlaments und des Rates zur Errichtung eines Europäischen Qualifikationsrahmens für lebenslanges Lernen. KOM (2006) 479. Brüssel

Europäische Kommission (2008): Der europäische Qualifikationsrahmen für lebenslanges Lernen. Luxemburg

Europäischer Rat (2000): Schlussfolgerungen des Vorsitzes. Lissabon, 23. und 24. März 2000. URL: http://ue.eu.int/ueDocs/cms_Data/docs/pressdata/de/ec/00100-r1.d0.htm (Stand: 13.04.2010)

Europäisches Parlament/Rat (2004): Entscheidung Nr. 2241/2004/EG des Europäischen Parlaments und des Rates vom 15. Dezember 2004 über ein einheitliches gemeinschaftliches Rahmenkonzept zur Förderung der Transparenz bei Qualifikationen und Kompetenzen (Europass). ABl. L 390 vom 31.12.2004, S. 6–20

Europäisches Parlament/Rat (2006): Empfehlung des Europäischen Parlaments und des Rates vom 18. Dezember 2006 zu Schlüsselkompetenzen für lebensbegleitendes Lernen. ABl. L 394 vom 30.12.2006, S. 10–18

Europäisches Parlament/Rat (2008): Empfehlung des Europäischen Parlaments und des Rates vom 23. April 2008 zur Einrichtung des Europäischen Qualifikationsrahmens für lebenslanges Lernen. ABl. C 111 vom 06.05.2008, S. 1–7

Europäisches Parlament/Rat (2009): Empfehlung des Europäischen Parlaments und des Rates vom 18. Juni 2009 zur Einrichtung eines Europäischen Leistungspunktesystems für die Berufsbildung (ECVET). ABl. C 155 vom 08.07.2009, S. 11–18

Faulstich, P. (1998): Strategien der betrieblichen Weiterbildung. München

Faulstich, P. (2002): Vom selbstorganisierten zum selbstbestimmten Lernen. In: Faulstich, P. u.a. (Hg.): Praxishandbuch selbstbestimmtes Lernen. Weinheim, S. 61–98

Faulstich, P./Ludwig, J. (Hg.) (2004): Expansives Lernen. Baltmannsweiler

Feldmann, K. (2006): Soziologie kompakt. Eine Einführung. 4., überarb. Aufl. Wiesbaden

Friedrichs, J. (1990): Methoden empirischer Sozialforschung.14. Aufl. Opladen

Gnahs, D. (2003): Zertifizierung informell erworbener Kompetenzen. In: Report. Literatur- und For-schungsreport Weiterbildung, H. 4, S. 88–96

Gnahs, D. (2007): Kompetenzmessung bei Erwachsenen – zum Stand von PIAAC. In: Grotlüschen, A./Linde, A. (Hg.): Literalität, Grundbildung oder Lesekompetenz? Beiträge zu einer Theorie-Praxis-Diskussion. Münster u.a., S. 25–30

Gnahs, D. (2008): International vergleichende Kompetenzmessungen bei Erwachsenen als bil-dungspolitisches Steuerungspotential. In: Hartz, S./Schrader, J. (Hg.): Steuerung und Orga-nisation in der Weiterbildung. Bad Heilbrunn, S. 125–144

Gnahs, D./Seidel, S. (2002): Überblick über selbstbestimmtes Lernen in der Weiterbildung. In: Faul-stich, P. u.a. (Hg.): Praxishandbuch selbstbestimmtes Lernen. Weinheim, S. 13–24

Gnahs, D. u.a. (2002): Harmonised List of Learning Activities. Hannover

Goethe-Institut (2007): Die DIALANG-Skalen. Anhang C: Gemeinsamer europäischer Referenzrah-men für Sprachen: Lernen, lehren und beurteilen. URL: www.goethe.de/Z/50/commeuro/c.htm (Stand: 12.04.2010)

Grotlüschen, A./Linde, A. (2007): Literalität nach der Schulzeit. In: Grotlüschen, A./Linde, A. (Hg.): Literalität, Grundbildung oder Lesekompetenz? Beiträge zu einer Theorie-Praxis-Diskussion. Münster u.a., S. 48–56

Haller, G. (2003): Südtiroler Bildungspass und KOM(petenzen)PASS. In: Ministerium für Bildung, Kultur und Wissenschaft des Saarlandes (Hg.): Bildungspässe – Machbarkeit und Gestal-tungsmöglichkeiten. Tagungsband zum Internationalen Fachkongress am 21./22.01.2003 in Saarbrücken. Saarbrücken, S. 77–80

Handt, G.v.d. (2008): Der gemeinsame Europäische Referenzrahmen für Sprachen: Lernen, leh-ren, beurteilen als Steuerungsinstrument. Anspruch und Wirkungen für die Weiterbildung. In: Hartz, S./Schrader, J. (Hg.): Steuerung und Organisation in der Weiterbildung. Bad Heilbrunn, S. 145–162

Heckhausen, H. (1988): Motivation und Handeln. 2. Aufl. Berlin

Holzkamp, K. (1995): Lernen. Subjektwissenschaftliche Grundlegung. Frankfurt a.M.

Homans, G.C. (1969): Was ist Sozialwissenschaft? Köln/Opladen

Illeris, K. (2006): Das „Lerndreieck". Rahmenkonzept für ein übergreifendes Verständnis vom menschlichen Lernen. In: Nuissl, E. (Hg.): Vom Lernen zum Lehren. Lern- und Lehrforschung für die Weiterbildung. Bielefeld, S. 29–41

Internationale Weiterbildung und Entwicklung gGmbH (Hg.) (2005): Das Europass Rahmenkon-zept. Fünf Dokumente für mehr Transparenz in Europa. Köln

Ioannidou, A. (2006): Lebenslanges Lernen als bildungspolitisches Konzept und seine Bedeutung für die Bildungsberichterstattung auf europäischer Ebene. In: Feller, G. (Hg.): Weiterbildungsmonitoring ganz öffentlich. Entwicklungen und Instrumente zur Darstellung lebenslangen Lernens. Bielefeld, S. 11–34

Jeantheau, J.-P. (2007): IVQ-Erhebung 2004/2005: Schwerpunkt ANCLI-Modul und erste Ergebnisse. In: Grotlüschen, A./Linde, A. (Hg.): Literalität, Grundbildung oder Lesekompetenz? Beiträge zu einer Theorie-Praxis-Diskussion. Münster u.a., S. 57–69

John, O.P./Srivastava, S. (1999): The Big Five Trait Taxonomy: History, Measuremet, and Theoretical Perspectives. In: Pervin, L.A./John, O.P. (Hg.): Handbook of Personality: Theory and Research. New York, S. 102–138

Johnson, S. (2006): Die neue Intelligenz – Warum wir durch Computerspiele und TV klüger werden. Köln

Kailer, N. (1998): Entwicklungstendenzen in der Personalentwicklung. In: Biehal, F./Kailer, N./Schrems, B. (Hg.): Personalentwicklung in Praxisfällen. Wien, S. 29–46

Kallenbach, C. (1996): Subjektive Theorien. Was Schüler und Schülerinnen über Fremdsprachenlernen denken. Tübingen

Kauffeld, S./Grote, S./Frieling, E. (2003): In: Erpenbeck, J./Rosenstiel, L.v. (Hg.): Handbuch Kompetenzmessung. Stuttgart, S. 261–282

Kemper, M./Klein, R. (1998): Lernberatung. Gestaltung von Lernprozessen in der beruflichen Weiterbildung. Baltmannsweiler

Klein, R. (2005): Die handlungsleitenden Prinzipien von Lernberatung – Weiterungen und Konkretisierungen. In: Klein, R./Reutter, G. (Hg.): Die Lernberatungskonzeption. Grundlagen und Praxis. Baltmannsweiler, S. 29–40

Klieme, E./Leutner, D. (2006): Kompetenzmodelle zur Erfassung individueller Lernergebnisse und zur Bilanzierung von Bildungsprozessen. Überarbeitete Fassung des Antrags an die DFG auf Einrichtung eines Schwerpunktprogramms. Frankfurt a.M./Essen

Klös, H.-P./Weiß, R. (Hg.) (2003): Bildungs-Benchmarking Deutschland. Was macht ein effizientes Bildungssystem aus? Köln

Kniffka, G. (2003): Prüfen und Bewerten. In: Bausch, K.-R./Christ, H./Krumm, H.-J. (Hg.): Handbuch Fremdsprachenunterricht. 4. Aufl. Tübingen, S. 373–377

Koalitionsvertrag zwischen CDU, CSU und SPD (2005): Gemeinsam für Deutschland – mit Mut und Menschlichkeit. Berlin

Konsortium Bildungsberichterstattung (2006): Bildung in Deutschland. Bielefeld

Kotthoff, H. (2006): Bewusst oder habituell? – Wie lernen Kinder und Erwachsene Kommunikation. In: Nuissl, E. (Hg.): Vom Lernen zum Lehren. Lern- und Lehrforschung für die Weiterbildung. Bielefeld, S. 59–74

Kuntner-Schweickhardt, U./Grüner, W. (1998): Self-Assessment in der GiroCredit – Eine Selbsteinschätzung des eigenen Führungspotentials. In: Biehal, F./Kailer, N./Schrems, B. (Hg.): Personalentwicklung in Praxisfällen. Wien, S. 249–281

Lehnartz, S. (2007): Schlauer schießen. In: Frankfurter Allgemeine Sonntagszeitung Nr. 8 vom 25.02.2007, S. 51

Martin, R. u.a. (2005): Covering Different Levels of Evaluation Needs by an Internet-Based Computer-Assisted Testing Framework for Collaborative Distributed Test Development and Delivery. Paper Submitted for Presentation ED-MEDIA 2005. Luxemburg

Mayntz, R./Holm, K./Hübner, P. (1978): Einführung in die Methoden der empirischen Soziologie. 5. Aufl. Opladen

Mertens, D. (1974): Schlüsselqualifikationen. Thesen zur Schulung für eine moderne Gesellschaft. In: Mitteilungen aus der Arbeitsmarkt- und Berufsforschung, H. 7, S. 36–43

Meyer-Krahmer, F. (2005): Antwort auf die Kleine Anfrage zum „Europäischen Qualifikationsrahmen" (BT-Drs. 16/304) vom 30.12.2005. Bonn

Ministerium für Bildung, Kultur und Wissenschaft des Saarlandes (Hg.) (2003): Bildungspässe – Machbarkeit und Gestaltungsmöglichkeiten. Tagungsband des internationalen Fachkongresses vom 21./22.01.2003 in Saarbrücken. Saarbrücken

Moser, K. (2003): Diagnostik beruflicher Kompetenzen. In: Straka, G.A. (Hg.): Zertifizierung nonformell und informell erworbener beruflicher Kompetenzen. Münster u.a., S. 41–55

Murray, T.S./Clermont, Y. (2005): The Origins and Objectives of the ALL Study. In: Murray, T.S. u.a. (Hg.): a.a.O., S. 10–27

Murray, T.S. u.a. (Hg.) (2005): Measuring Adult Literacy and Life Skills: New Frameworks for Assessment. Ottawa

Mussel, P. (2003): Persönlichkeitsinventar zur Integritätsabschätzung (PIA). In: Erpenbeck, J./Rosenstiel, L.v. (Hg.): Handbuch Kompetenzmessung. Stuttgart, S. 3–18

Nissen, R. (2003): Formen der Leistungsmessung in der unterrichtlichen Praxis. In: Bausch, K.-R./Christ, H./Krumm, H.-J. (Hg.): Handbuch Fremdsprachenunterricht. 4. Aufl. Tübingen, S. 370–373

Nolda, S. (1999): Wissen. In: Arnold, R./Nolda, S./Nuissl, E. (Hg.): Wörterbuch Erwachsenenpädagogik. Bad Heilbrunn/Obb., S. 337–340

Organisation for Economic Co-operation and Development (2003): Definition and Selection of Competencies: Theoretical and Conceptual Foundations (DeSeCo). Summary of the Final Report „Key Competencies for a Successful Life and a Well-Functioning Society". Paris

Organisation for Economic Co-operation and Development (2005a): The Relevance of PIAAC to Education Policy. Programme for International Assessment of Adult Competencies. EDU/INES/SMG (2005)2. 17.01.2005. Paris

Organisation for Economic Co-operation and Development (2005b): International Assessment of Adult Skills: Proposed Strategy. COM/DELSA/EDU (2005)4. 27.–28.09.2005. Paris

Organisation for Economic Co-operation and Development (2005c): International Assessment of Adult Skills: Proposed Strategy. COM/DELSA/EDU (2005)4/REV1. 24.10.2005. Paris

Organisation for Economic Co-operation and Development (2005d): Programme for the International Assessment of Adult Competencies (PIAAC). Policy Overview. COM/DELSA/EDU (2005)3. 10.11.2005. Paris

Organisation for Economic Co-operation and Development (2006a): Progress with Developmental Work for PIAAC. EDU/EC/CERI(2006)22. 26.09.2006. Paris

Organisation for Economic Co-operation and Development (2006b): Progress with Developmental Work for PIAAC – Background Papers. EDU/EC/CERI(2006)22/ANN1. 27.09.2006. Paris

Organisation for Economic Co-operation and Development (2006c): The Programme for the International Assessment of Adult Competencies (PIAAC): A Progress Report on the Research Phase. DELSA/ELSA(2006)5. 4.10.2006. Paris

Organisation for Economic Co-operation and Development (2008): The OECD Programme for the International Assessment of Adult Competencies (PIAAC). Competencies in Technology-rich Environments. Paris

Organisation for Economic Co-operation and Development/Statistics Canada (2000): Literacy in the Information Age. Final Report of the International Adult Literacy Survey. Ottawa/Paris

Organisation for Economic Co-operation and Development/Statistics Canada (2005): Learning a Living. First Results of Adult Literacy and Life Skills Survey. Ottawa/Paris

Opp, K.-D. (1972): Verhaltenstheoretische Soziologie. Reinbek bei Hamburg

Paulus, J. (1999): Die wahren Grundlagen der Persönlichkeit? In: Psychologie heute, H. 1, S. 44–49

ProfilPASS (2006): Stärken kennen – Stärken nutzen. Bielefeld

ProfilPASS für junge Menschen (2007): Stärken kennen – Stärken nutzen. Bielefeld

Reinmann-Rothmeier, G./Mandl, H. (1997): Lehren im Erwachsenenalter. Auffassungen vom Lehren und Lernen, Prinzipien und Methoden. In: Weinert, F.E./Mandl, H. (Hg.): Psychologie der Erwachsenenbildung. Göttingen, S. 355–403

Reischmann, J. (1997): Self-directed Learning – die amerikanische Diskussion. In: Report. Literatur- und Forschungsreport Weiterbildung, H. 39, S. 125–137

Report. Literatur- und Forschungsreport Weiterbildung (2002): Kompetenzentwicklung statt Bildungsziele? H.49

Roth, G. (2003): Warum sind Lernen und Lehren so schwierig? In: Report. Literatur- und Forschungsreport Weiterbildung, H. 3, S. 20–28

Rychen, D.S./Murray, T.S. (2005): Conceptual Framework for Understanding and Assessing Adult Literacy and Life Skills. In: Murray u.a. (Hg.): a.a.O., S. 28–45

Rychen, D.S./Salganik, L.H. (Hg.) (2003a): Key Competencies for a Successful Life and a Well-Functioning Society. Göttingen

Rychen, D.S./Salganik, L.H. (2003b): A Holistic Model of Competence. In: Rychen/Salganik (Hg.) (2003a): a.a.O, S. 41–62

Sarges, W. (2003): Lernpotential-Assessment Center (LP-AC). In: Erpenbeck, J./Rosenstiel, L.v. (Hg.): Handbuch Kompetenzmessung. Stuttgart, S. 63–70

Scheich, H. (2006): Lernen und Gedächtnis. Ein hirnbiologischer Blick auf Bildungsfragen. In: Nuissl, E. (Hg.): Vom Lernen zum Lehren. Lern- und Lehrforschung für die Weiterbildung. Bielefeld, S. 75–92

Schladebach, A. (2007): Ein rotes Tuch: Formulare und Fragebögen! In: Grotlüschen, A./Linde, A. (Hg.): Literalität, Grundbildung oder Lesekompetenz? Beiträge zu einer Theorie-Praxis-Diskussion. Münster u.a., S. 140–146

Schleicher, A. (2006): PISA-Test für Erwachsene. Jetzt rechnen die Alten. In: Spiegel Online vom 14.11.2006

Schleicher, A. (2008): A new Strategy for Assessing Adult Competencies. In: International Review of Education, H. 5–6, S. 627–650

Schneider, J./Spelten, W. (2005): Reform der Lissabon-Strategie. Wissenschaftliche Dienste des Deutschen Bundestages Nr. 10 vom 22.02.2005. URL: www.bundestag.de/dokumente/analysen/2005/2005_02_22.pdf (Stand: 14.04.2010)

Schüßler, I./Thurnes, C.M. (2005): Lernkulturen in der Weiterbildung. Bielefeld

Seger, I. (1970): Knaurs Buch der modernen Soziologie. München/Zürich

Siebert, H. (1996): Didaktisches Handeln in der Erwachsenenbildung. Neuwied

Siebert, H. (1999): Pädagogischer Konstruktivismus. Neuwied

Siebert, H. (2003): Das Anregungspotenzial der Neurowissenschaften. In: Report. Literatur- und Forschungsreport Weiterbildung, H. 3, S. 9–13

Siebert, H. (2006a): Lernmotivation und Bildungsbeteiligung. Bielefeld

Siebert, H. (2006b): Subjektive Lerntheorien Erwachsener. In: Nuissl, E. (Hg.): Vom Lernen zum Lehren. Lern- und Lehrforschung für die Weiterbildung. Bielefeld, S. 41–58

Siebert, H./Roth, G. (2003): Gespräch über Forschungskonzepte und Forschungsergebnisse der Gehirnforschung und Anregungen für die Bildungsarbeit. In: Report. Literatur- und Forschungsreport Weiterbildung, H. 3, S. 14–19

Skowronek, H. (1999): Motivation. In: Arnold, R./Nolda, S./Nuissl, E. (Hg.): Wörterbuch Erwachsenenpädagogik. Bad Heilbrunn/Obb., S. 231–232

Staudt, E./Kriegesmann, B. (1999): Weiterbildung: Ein Mythos zerbricht. Der Widerspruch zwischen überzogenen Erwartungen und Misserfolgen der Weiterbildung. In: Arbeitsgemeinschaft Qualifikations-Entwicklungs-Management (Hg.): Kompetenzentwicklung '99. Münster u.a., S. 17–59

Staudt, E./Kriegesmann, B./Muschik, C. (2003): IAI-Scorecard of Competence. In: Erpenbeck, J./Rosenstiel, L.v. (Hg.): Handbuch Kompetenzmessung. Stuttgart. S. 160–168

Stern, E. (2006): Was Hänschen nicht lernt, lernt Hans hinterher. Der Erwerb geistiger Kompetenzen bei Kindern und Erwachsenen aus kognitionspsychologischer Perspektive. In: Nuissl, E. (Hg.): Vom Lernen zum Lehren. Lern- und Lehrforschung für die Weiterbildung. Bielefeld, S. 93–105

Sternberg, R.J. (1985): Beyond IQ: A Triarchic Theory of Human Intelligence. New York

Sternberg, R.J. (1997): Successful Intelligence. New York

Strzelewicz, W./Raapke, H.D./Schulenberg, W. (1966): Bildung und gesellschaftliches Bewußtsein. Stuttgart

Tausch, R./Tausch, A. (1970): Erziehungspsychologie. 5., gänzlich neu gestaltete Aufl. Göttingen

Teichler, U. (1995): Qualifikationsforschung. In: Arnold, R./Lipsmeier, A. (Hg.): Handbuch der Berufsbildung. Opladen. S. 501–508

Tough, A.M. (1971): The Adults Learning Projects. Toronto

Tough, A.M.(1978): Major Learning Efforts. Recent Research and Future Directions. In: Adult Education (USA), H. 4, S. 250–263

Trautner, W. (1998): Entwicklungsgespräche zwischen Vorgesetzten und Mitarbeitern als Kulturaufgabe in der WELEDA AG. In: Biehal, F./Kailer, N./Schrems, B. (Hg.): Personalentwicklung in Praxisfällen. Wien, S. 219–248

Trier, M. (1998): Erhalt und Entwicklung von Kompetenz in einer sich wandelnden Gesellschaft durch Tätigkeit und Lernen im sozialen Umfeld. In: Arbeitsgemeinschaft Qualifikations-Entwicklungs-Management (Hg.): Kompetenzentwicklung '98. Münster u.a., S. 209–268

Urbschat, U. (2007): Aus der Weleda Mitarbeiterentwicklungswerkstatt. Interview Mitarbeiterentwicklung. URL: www.weleda.de (Stand: 12.04.2010)

Vollmer, H.J. (2003): Leistungsmessung, Lernerfolgskontrolle, Selbstbeurteilung: Überblick. In: Bausch, K.-R./Christ, H./Krumm, H.-J. (Hg.): Handbuch Fremdsprachenunterricht. 4. Aufl. Tübingen, S. 365–370

Vonken, M. (2005): Handlung und Kompetenz. Wiesbaden

Weiß, R. (1998): Aufgaben und Stellung der betrieblichen Weiterbildung. In: Arbeitsgemeinschaft Qualifikations-Entwicklungs-Management (Hg.): Kompetenzentwicklung '98. Münster u.a., S. 91–128

WELEDA (2007): Leitbild. URL: www.weleda.de/unternehmen/Philosophie/Leitbild/Index.html (Stand: 14.04.2010)

Wenzig, A. (2004): Auf dem Weg zum Lernberater – Rollenwechsel als Herausforderung. In: Rohs, M./Käpplinger, B. (Hg.): Lernberatung in der beruflich-betrieblichen Weiterbildung. Münster, S. 47–66

Westhoff, K. (Hg.) (2006): Nutzen der DIN 33430. Praxisbeispiele und Checklisten. Lengerich u.a.

Westhoff, K. u.a (Hg.) (2005): Grundwissen für die berufsbezogene Eignungsbeurteilung nach DIN 33430. 2., überarb. Aufl. Lengerich u.a.

Wittwer, W./Witthaus, U. (2000): Einführung in die betriebliche Bildung. Stuttgart

Stichwortverzeichnis

Verzeichnis der Abbildungen und Tabellen

Abbildungen

Tabellen

Autor

Prof. Dr. Dieter Gnahs, Leiter des *Forschungs- und Entwicklungszentrums (FEZ)* am Deutschen Institut für Erwachsenenbildung – Leibniz-Zentrum für Lebenslanges Lernen in Bonn, gnahs@die-bonn.de

Weiterbildungs-finanzierung

Komprimierte und umfassende Einführung

Der Studientext gibt eine Einführung in die Finanzierungsstrukturen und Anreizsysteme des Weiterbildungsbereichs in Deutschland. Vorangestellt werden die wichtigsten Begriffe, Konzepte und Fragen der bildungsökonomischen Analyse sowie die bestehenden betrieblichen, individuellen, öffentlich geförderten und SGB III-geförderten Finanzierungsstrukturen von Weiterbildung.

Stefan Hummelsheim

Finanzierung der Weiterbildung in Deutschland

Studientexte für Erwachsenenbildung

2010, 156 S.,
19,90 € (D)/34,50 SFr
ISBN 978-3-7639-1976-5
Best.-Nr. 42/0026

wbv.de

W. Bertelsmann Verlag

Bestellung per Telefon **0521 91101-11**   per E-Mail **service@wbv.de**